自傷・他害・パニックは防げますか？

二人称のアプローチで解決しよう！

廣木道心 HIROKI Doshin
＋栗本啓司 KURIMOTO Keiji
＋榎本澄雄 ENOMOTO Sumiwo

花風社

まえがき

自傷・他害・パニックからの解放

浅見淳子

花風社が一貫して発達障害に対して取ってきたスタンス。
それは、

●発達障害の人たちの持つ世界を異文化としては尊重しよう
●けれども発達障害を生まれ持った人の持つ不便さを「生まれつきである」という理由だけで諦めるのはやめよう
●なぜなら、まだ手を尽くしきっていない以上、諦めるのは早すぎるから

という立ち位置である。

そして今回、この本では取り組むべき課題を「自傷・他害・パニック」に定めた。

すなわち

●自傷・他害・パニックを防ぐこと

●防ぎきれなかったとき誰も傷つかないですむ介助の仕方を追求すること

に定めた。

そしてそのプロセスのなかで、「誰も傷つけず、誰も傷つかない」介助法に取り組むことが、支援する側（支援者・保護者）の身体状態をもよくする可能性に気づいた。

それを今般提言し、世に問う次第である。

自傷や他害、パニックといった行為は、発達障害の人が一般社会で生きるのを難しくしている。

それさえなければ自由度の高い場所で生きていけるはずの人たちが実質上生きる道を制限され、閉じられた場所で生きることを余儀なくされている。

そして自傷・他害・パニックを起こす状態を甘受することで、本人のみならず支援の場で働く人たちの人権がないがしろにされている現状もある。

職員から利用者への、あるいは教員から生徒への虐待が大々的に報道され、厳しく処罰される一方で、利用者から職員への、あるいは生徒から教師への暴力は現場でひっそりと処理され、不問に付される。本来刑事事件になってておかしくない案件でもである。

利用者の自傷・他害は労務問題でもある。将来にわたり支援の現場に人材を確保する上でも喫緊の課題となっている。


自傷・他害といった行動を呈する利用者の人たちが施設で暮らしていたとしよう。

なぜそこにたどりついたのか、思いを馳せてほしい。

家族が抱えきれなかった現実があるかもしれない。

つまり、家族もまた、傷ついてきた歴史があるかもしれない。

それを「障害特性だから仕方がない」と甘受することは正しいことだと思わない。

この本はそういう立場に立っている。


自傷・他害の芽は早くに見られることも多い。

たとえば、発達障害のお子さんにパニックは珍しくない。また、特別支援教育の現場で子どもによる子どもや大人への他害は珍しくない。

時には人ではなく物にその暴力が向かう場合もあるが、「大人になったらおまわりさんにつかまるよ」と言えるような案件が特別支援の場面では見過ごされている。「生まれつきだから仕方ない」の決まり文句とともに。

私はこの現状のありかたに疑問を抱いていた。これでいいのだろうか？　と思ってきた。

いつかこの問題に解決策をくれる本を作りたいと思っていた。

問題意識は人を呼んでくる。

だから問題意識を抱きつづけるのは大事なことである。たとえそれに即時答えが与えられないとしても。


「自傷・他害を放っておいてもいいのか？」

その疑問を長年抱きつづけた私の前に、答えを持った人物が現れた。

かつて私が自閉症者による法的被害にあったとき（この経緯は『自閉症者の犯罪を防ぐための提言―刑事告訴した立場から』に詳しく書いてあるのでここでは割愛する）担当してくれた元刑事の榎本澄雄さん。

その人が民間人になり、特別支援教育の現場で仕事をしていたのだ。

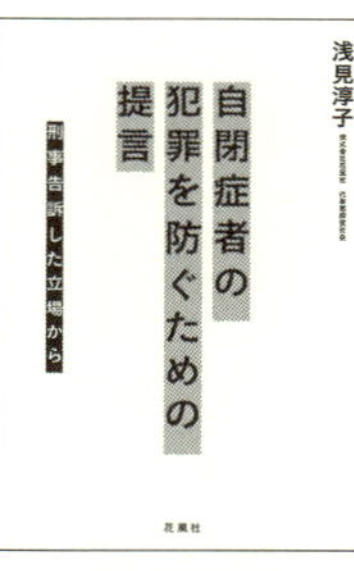

『自閉症者の犯罪を防ぐための提言』

私は榎本氏にきいた。「療育の場で自傷・他害があったとき介入しますか?」

榎本氏の答えは明瞭にイエスであった。

多くの特別支援教育関係者が自傷・他害をする子どもを目にしたとき肩をすくめてやり過ごすのに対し、榎本氏ははっきりと介入が必要だと考えていた。

ただし、「まずは自傷・他害を起こさせないことが大事」ということであった。

そして起きてしまった場合はすみやかに介入する、と。

なぜなら他人の「生命・身体・財産」への侵害を取り締まることは警察法に定められていることであり、そうした侵害行為を放っておくと「大人になったらおまわりさんにつかまる」からである。

何をするとおまわりさんにつかまるかは警察法に明確に定められている。ここに提示しておこう。

【警察法】

●警察の責務

〔第二条〕警察は、個人の生命、身体及び財産の保護に任じ、犯罪の予防、鎮圧及び捜査、被疑者の逮捕、交通の取締その他公共の安全と秩序の維持に当ることをもってその責務とする。


誰かの生命・身体・財産を脅かす人間がいれば警察は動く。

支援級で同級生を殴る。デイケアで机を壊す。子どものうちは不問に付されているそうした行為は、大人になってやってしまえば罪に問われかねないのである。

だからこそ、放っておいてはいけない。


ならば特別支援の現場でも、そうした行為を制するとき、時には体罰的な手法を辞さずに介入するのか？

そう私は榎本氏にきいた。


それに対し榎本氏は明確にノーと答えた。

元警察官であるからなおさら、榎本氏は暴力的な介入はしないという。

日本の警察は犯人をいきなり現場で射殺したりはしない。「ケガせず、ケガさせず」の原則・理想が貫かれているのだという。そして榎本氏は特別支援教育の現場でも「ケガせず、ケガさせず」のやり方を適用していた。

私はかねてより発達障害の当事者、支援者、保護者が司法の論理を知っておくことは大事だと思っていたので、榎本氏の知見を『元刑事が見た発達障害』という本にまとめた。サブタイトルは『真剣に共存を考える』とした。そして帯には「自由に生きるためにこそ、社会のルールを知っておこう！」と書いた。

そう、法律を知ることは窮屈になることを意味しない。

「何をしたら罰せられるか」を知っておけば、自由に生きられるのである。

私は発達障害の人たちがその持てる資質を開花し幸せに生きていくためには人一倍自由が大事だと考えているので、自由に生きることを可能にするためにこそ司法の論理を伝えておきたいと思った。

『元刑事が見た発達障害』

そして『元刑事が見た発達障害——真剣に共存を考える』出版後すぐに書評を書いてくれた方がいらした。

北海道・函館で自閉症支援の「てらっこ塾」を開いている大久保悠氏という支援者の方である。

実は大久保氏はかつて、人里離れた山奥にある施設で支援員として働いていた。家庭で面倒をみるのが難しくなった人たちが全国から送られてくるような、いわゆる「選りすぐりの強度行動障害者」と呼んでもいい人たちも含めた利用者と寝食を共にしてケアをする施設である。

言うまでもなくなかなかタフな現場である。そこで大久保氏は、福祉制度がかつての措置時代から自立支援へ移行する変わり目に立ち合った。その経験を踏まえて、次のような書評を書いてくださった。


『元刑事が見た発達障害』（花風社）を読んで

できることなら、十四年前の自分に渡したい本だと思いました。

十四年前の今頃、配属先が決まり、私は社会人の第一歩を入所施設の支援員として踏みだすのです。

私が働いた七年間は、障害者福祉の転換期だったと思います。

戦後から長らく続いていた措置制度から支援費制度への転換。

ノーマライゼーション、障害者の権利擁護、サービス提供者と利用者の対等な関係……。

急激な変化の波にのみこまれ、どうにか海面から顔を出そうと、みんながもがいていたように見えました。

それまでずっと愛称で呼んでいた入所者の人達が、「利用者さん」という呼び名に変わりました。

とにかく利用者さんには、「怪我をさせてはいけない」「身体に触れるのは必要最小限にし、誤解を招かないようにしなければならない」「言葉使いも丁寧な言葉にするように」と、何度も、何度も言われました。

強度行動障害を持った人達がいた施設でしたので、「利用者さんを怪我させせないで、自傷、他害、パニックを制止する方法」などという研修会もありました。

しかし、それを主催する管理職が本を片手に、しどろもどろに説明する姿を見ていると、社会の変化に福祉が追い付くのは、まだまだ先だと感じました。

私が働いた七年間は、旧来の福祉と新しい福祉が同居し、混ざり合おうとするけれども、混ざり合えない、そんな風に見えました。

現場に「ケガせず、ケガさせず」の方法を教えられる人も、実践できる人もいませんでした。

上司からは、「とにかく利用者に何かがあってはいけない」と言われます。

その言動から「支援者がどうなろうとも」という音のない言葉が、いつも聞こえてきました。


職員一人で十五名、二十名の利用者をみなければいけない環境。

そんななかで、上司からは「利用者だけは怪我させてはいけない」とプレッシャーを掛けられる毎日。

職員はただでも厳しい労働環境の上に神経をとがらせ続けないといけなくなる。

そして著者の榎本氏の言葉をお借りすれば、施設全体で「エネルギー戦争」に突入していたのだと思います。


職員が慢性的なエネルギー不足になり、利用者からエネルギーを奪う。

奪われた利用者は、自傷、他害という自己治療を始める。

その場にいた職員は、上司から責任を問われ、注意を受け、さらなるプレッシャーを掛けられる。

だから、「ケガせず、ケガさせず」の知識も、技能も、視点もない職員は、とにかく自傷、他害という自己治療を止め続ける。

その結果、能力的にも、環境的にも、自己治療できない人は、自滅を選んでいく…。

「誰も幸せにしない」

そう感じたのが、施設職員を辞めようと思った始まりでした。


某有名支援者がノリノリだった時期とも重なって、『鬼手仏心』の鬼手ばかりを求められ、自傷、他害、パニックを止めるのも、自傷、他害、パニックを起こさせるのも、すべてＷＨＡＴとＨＯＷだと言われました。

だから、必死に「目に見えるもの」を高めようと突き進んだ。

でも、榎本氏がおっしゃるように、仏心があっての鬼手。

「身体、非言語、情のアプローチなど措置制度時代の古くて、牧歌的な支援だ」

そんな風に切り捨てられたことも影響したのでしょう。

あの当時の私が、この本を読んでいれば、もっとお互いが幸せで、自由という雰囲気の中で交流できたかもしれないと思ったのでした。


私もこの本を読むまで、テレビのイメージと狭い知識の中でしか司法を捉えることができていませんでした。

「警察が何を守っているか」を知れば、社会の中でよりよく生きていくための学びへとつながる。
「何をすればおまわりさんに捕まるか」を知れば、自由に生きることへとつながる。
私達が発達を後押ししている子ども達の「共存」を真剣に考えるとき、土台となる知識とヒントを与えてくれる本だと思いました。

子ども達が伸びやかな生活、人生を送られるようにするために、我々大人がきちんとした共存のためのルールを知り、遵法教育をしていくことが大切だと改めて教えていただきました。

貴重な知識と経験をお話ししてくださった著者の榎本氏と、この本を世に送りだしてくださった花風社さんに感謝です。

大久保氏のように、現場で苦闘を重ねてきた人は多かった。
そして現場で自傷・他害・パニックをどうにかしたいと思っている人たちから榎本氏のもとに「ケガせず、ケガさせず」の方法を知りたいという問い合わせが相次いだ。

●自傷・他害はやっているご本人たちもつらい。でも同時に、支援する方もつらい。「誰も幸せにしない」現場があってはいけない。

●いや、どうしてもそういう現場は必要とされ続け、存在し続けるかもしれない。けれどもならば、「そういう現場に我が子を送りたくない」人に役立つ知見があって然るべきである。

●また支援者として「誰も幸せにしない」ような現場を変えたい気持ちがある人がいるならば、その人たちに役立つ知見があって然るべきである。

こういう私たちの思いを共有する人は確実にいるようだった。

だからこそ「ケガせず、ケガさせず」の介入方法を知りたいというニーズがあるのだった。

ところが榎本氏は警察というノウハウと現場体験が豊富に積み上がったいわば伝統のある場で訓練を受けてきた。

ごく自然に身につけたスキルが多く、なかなか言語化が難しい。

どうしたら「ケガせず、ケガさせず」の方法を人に伝えることができるのか。

それを探るうちに榎本氏は本書の著者である廣木道心氏にたどりついた。

東京でこういうセミナーが開かれることを知って、受講してみたのだ。

パニック等への対応「支援介助法講習会」

知的障害や自閉症の人がパニックを起こしたときの「自分も相手も傷つかない誘導法」である「支援介助法」について学びます。

特に特別支援学校などでパニックになった子どもに有用ですが、落ち着きのない子や高齢者の介護、リハビリテーションにも活用できます。

実技と講習を行います。

実際に廣木氏の教えを受けてみて、榎本氏は「これだ！」と思ったという。

そして私に廣木氏を紹介してくれた。

私も榎本氏も、かねてより花風社で身体アプローチの本を出している栗本啓司氏（からだ指導室あんじん主宰）と廣木氏に会ってもらえば何かが生まれるような気がしていた。

そして私たち四人は交流を始めた。

その結果生まれたのが本書である。

本書ではまず、榎本澄雄氏にインタビューを試みている。「元刑事が特別支援教育の場に入って自傷・他害についてどう対応したか」を訊ねている。

次に廣木氏のインタビューを掲載する。廣木氏は武道家として「自他護身」を旨とする護道の宗家となった。そして護道をケアの場に適用した「護道介助法」を生み出した。

一方で廣木氏は自閉症・知的障害のお子さんを持つ父であり、介護士として福祉の現場でも実践を重ねている。父であり、現場の支援者であり、そして武道家である立場から自傷・他害・パニックにどう対応してきたかを話してもらう。

次に栗本啓司氏に「自傷・他害・パニックをしない身体づくり」の提言をもらう。

そして最後に、我々全員で廣木氏の実践を習う。お稽古編である。

そのプロセスのなかで気づいたこと。

それは、廣木氏の実践する護道介助法がおそらく、支援する側とされる側双方で一緒に取り組める身体アプローチ、すなわち二人称の身体アプローチとなる可能性である。

支援する側にも、支援を受ける側にも、心身に一本の軸を育て、同時に関係性を育む可能性である。

私たちは発達凸凹の人たちが抱える身体面の問題に焦点を当ててきた。

一方で、保護者を初めとする支援する側の身体問題もつねに気にかかっていた。

改善が望まれるのは、子どもたちの身体状況だけではないだろうと考えてきた。

もちろん、志の高い読者の方たちはこれまで提案した各種アプローチを親子そろって生活に取り入れていらっしゃる。親子で取り組むからこそ効果がある面がある。

だからこそ、身体アプローチが一方から一方へ「施す」ものではないことははっきりさせたいと思ってきた。

そして今回、廣木道心氏の創設した「護道介助法」の基礎を実践することにより、それをより明確に伝えることができるようになったのではないかという手応えを感じている。

さて、ではまえがきはこれくらいにしておこう。

まずは元刑事の榎本澄雄氏、そして武道家で父としてまた介護士として支援の場に当たってきた廣木道心氏への問いかけから本編を始めたいと思う。

「自傷・他害はそもそも防ぐべきなのか？」という問いかけである。

目次

第二章 誰も傷つけない身体づくり

第三章
誰も傷つけず、誰も傷つかない身体の使い方を覚える

あとがき

第一章

そもそも、自傷・他害は防ぐべきものなのか？

いつまでもアリバイ的支援でいいのか?

浅見（花風社）　こんにちは。

これから元刑事で特別支援教育の現場を経験した榎本澄雄さんと、武道家で自閉っ子の父でもある廣木道心さんに質問をしたいと思います。

お二人にお答えいただきたい質問はずばり、「そもそも自傷・他害は防ぐべきなのか?」という発達障害支援に関係する人たちなら一度は抱いたことがあるであろう疑問です。

これは一見愚問だと思います。「防ぐべきに決まっている」からです。

けれども私は率直に言って、「自傷・他害を防ぐ」という目標に向かって支援者たちが日々真剣に取り組んでいるとは考えていません。

なぜなら、発達障害支援の世界においては、いったん「障害特性である」と見なされると、支援者たちが率先して「仕方がないことだ」と諦め、あまり実効性のある支援方法を探らずにやり過ごす場面が多すぎるからです。

これは自傷・他害・パニックに関してだけに留まりませんが。支援者の諦めに親御さんたちをつきあわせる感じですね。

一方で、研修だけには熱心な支援者もよく見られますね。

そしていったんなんらかの方法論について研修を受けると、それだけで満足してしまう。たとえその研修内容が現場で役に立たなくても、「自分が習ってきた」というだけでその方法に固執する。そして「一応手を打った」という気になっておしまい、という傾向が支援の世界にはありますね。

これを私は「アリバイ的支援」と呼んでいます。

◆アリバイ的支援　定義 その①

「支援者が研修を受けた」だけで「支援している」気になり満足してしまう支援のこと。（習った方法が現場で本当に役に立っているかどうかは不問に付されたままなんとなく続けられることが多い）

花風社としてはこうしたアリバイ的支援に飽き足らず、「生まれつきだから治らない」という発達障害児者支援の人たちが持っているある種の諦めを共有してきませんでした。

そして「二次障害」と言われる困難までなんとか解決できないか、と考え続け、「身体を整えるのが近道であろう」と仮説を立てて身体アプローチを提言するに至りました。

そして多くの方が私たちの提言に納得し、身体アプローチに取り組み、たしかな手応えを感じ、「治った!」と言うようになりました。それに対して「治るわけなどない」という雑音も強いのですが「なんと言われようと治ったとしか言いようがない!」と言える状態になる人が増えたのは確かな事実なのです。


そういう取り組みを十数年続けてきたところ、アメリカの医学界でも発達障害が神経発達障害と定義しなおされました(※DSM-5)。

発達障害者支援法ができる前後から、自閉症を含む発達障害が「心の病」ではないことを、関係者は必死に訴えてきました。心の病といったおどろおどろしいものではなく、生まれつきの脳機能障害であると懸命にアピールしてきました。

ところが時代はもう一つ進んだようです。発達障害の人が抱える障害は、神経の発達の問題なのだと発表されるに至りました。

だったら身体アプローチに効果があったのは当たり前です。神経は脳だけではなく、全身に張り巡らされていますから。

発達障害=中枢神経の発達障害ということで、これまでも中枢神経刺激剤などが発達障害の人には投与されてきました。

そして考えてみたら、中枢神経とは脳だけにあるのではありません。背骨から脳に向かって育っているのです。ならば背中へのアプローチに効果があるのは当たり前です。

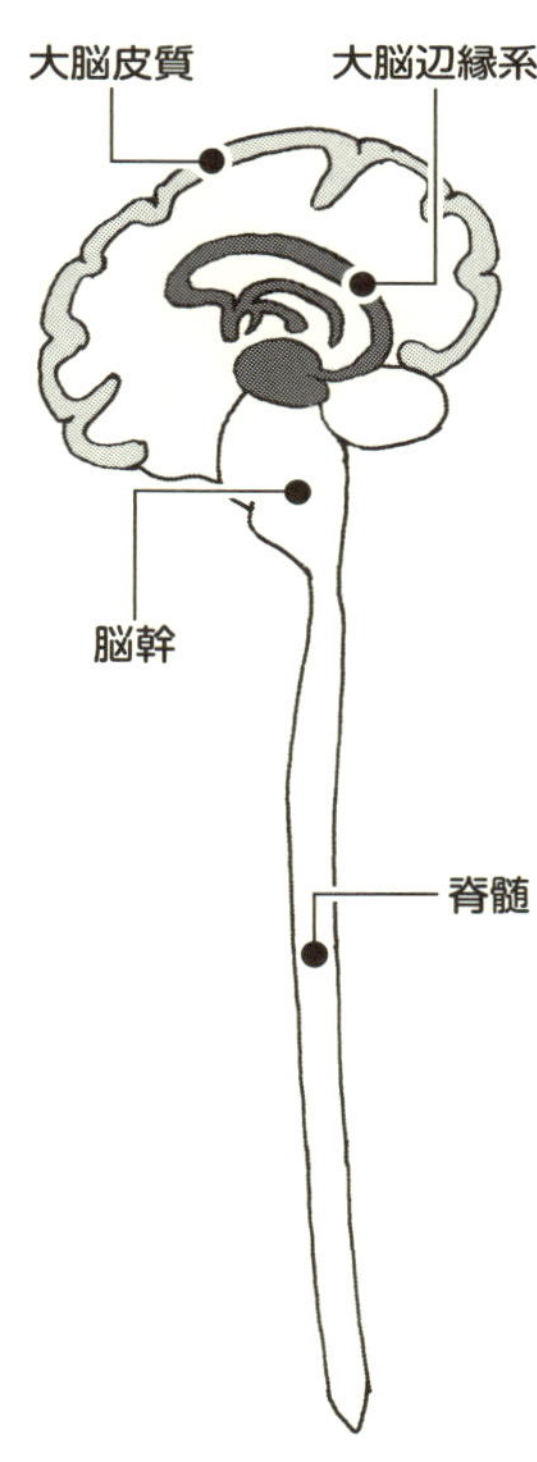

＊『人間脳の根っこを育てる』
栗本啓司＝著より

発達障害＝心の病 ×
発達障害＝脳の機能障害 △
発達障害＝神経発達障害 ○

それを未だに「発達障害＝神経発達障害」という定義が最新情報だと知らず、古い観念のまま、ＳＳＴ（ソーシャルスキルトレーニング）やＡＢＡ（応用行動分析）で脳機能のごく一部、つまり大脳皮質のみに働きかけて支援をしたつもりになっている。そして効果が見られないと「障害だから一生治らない。周囲が受け入れるしかない」と諦めをつけてしまう。そういう支援を私は「アリバイ的支援」と呼んでいます。

◆アリバイ的支援　定義 その②
すでに効果が限定的であることは現場で確認されているのに新しい知見を取り入れる気のない現場で惰性として続けられる支援のこと。（他の方法があるかどうか誰も探ることなく、なんとなく続けられていることが多い）

そしてどうもこのアリバイ的支援が自傷・他害においても一般的なのではないか、という疑念を抱いています。

だとしたらこのままではいけないと思います。自傷・他害があるかないかは、本人が社会でやっていけるかどうかを決定するからです。

支援する側が本当に芯から当事者の人々の自立を考えるのならば、自傷・他害は防ぐべきです。そして支援体制のなかで一生を送るにしても、他害のある人は行き場が限られます。

その上、支援者に対する人権問題も潜在的にあるいは顕在的に抱えることになります。

だから自傷・他害は絶対に防がなくてはなりません。

以上が花風社の立場です。

自傷・他害は防ぐべきか?
元刑事としてこう考える

浅見 さて、私はかなり率直に自分の問題意識を述べました。

今度はそれぞれのお立場から忌憚のないご意見を伺いたいと思います。

まずは元刑事であり、特別支援教育の現場も経験したお立場から榎本さんにお答えいただきたいと思います。

そもそも、自傷・他害は防ぐべきでしょうか?


榎本 自傷・他害は、もちろん防ぐべきだと考えます。

自傷・他害が本人のフラッシュバックから来る自己治療の一種であると考えると、その機微(身体の発信など)を察して、未然に防ぎ、封じるようにしたいです。

その場合には、もちろん物理的手段を使わずにケガをさせないような方法を採るべきです。

時には、法的手段を講じて「鬼手」を振るうこともあるかもしれませんが……。たとえ鬼手を振るう場面でも、根本にはその人を思って振るうという仏心があって然るべきです。

浅見 警察のやり方が、少なくとも榎本さんが警察官として先輩から教わったやり方が、一般の人が警察に抱いている高圧的なイメージと違い「鬼手仏心」（編注：仏の心を持って鬼の手を振るう 例えばその人の更生を願いつつ法的に処罰するなど）であることは榎本さんの本でよくわかりました。

榎本 そうなんです。ですから警察官としての体験も踏まえて私は、いわゆる問題行動を治すためには、つらい気分をラクにしてあげることが肝要なのではないかと考えています。

いわゆる問題行動を治すためには、つらい気分をラクにすることが大事。

自傷・他害や事件・事故は防げた方がいい、起きない方がいいに決まっていると思います。しかし一方で、もしも、そこに何か意味があるとしたら……と考えることもあります。

私は「全ての出来事には意味がある」と考える性質ですので、誰かが自傷・他害を起こしている、起こしそうになっているときは、ご本人だけでなく支援者も何かしらの変化をとげる機会だとも思います。

今、ご本人や支援者が抱えている課題を解決するために、自傷・他害・パニックは起きようとしているのかもしれません。自傷・他害を防ぐ、治す、その過程にヒントを見出すようにしています。

と言っても、もちろん自傷・他害を未然に「防ぐのが先」で、「考えるのは後」です。

拙著『元刑事が見た発達障害――真剣に共存を考える』のなかでは、同書一七八ページあたりで「エネルギー戦争」という考え方をご紹介しました。

人は自分のエネルギーを満たすために、他人からエネルギーを奪ってくることがあります。それで傷つけ合うことがあります。

自傷は、「犠牲者」役を演ずる人の「愚痴」で、他害は「脅迫者」役を演ずる人の「暴力」と言えるかもしれません。

一般に、自傷や自傷的行為はそれ自体が被害者のいる犯罪(刑法犯)につながることはあまりないのかもしれません。

麻薬などの薬物依存は刑法で規定された「刑法犯」ではなく覚醒剤取締法違反などの「特別法犯」と呼ばれ、「被害者のいない犯罪」と呼ばれています。

しかし他害には被害者がいて犯罪(刑法犯)に直結するリスクが高いです。

警察法に定められているとおり、警察は誰かの「生命・身体・財産」が脅かされたとき、脅かされそうなときに動きます。

ご本人もその周囲の方々も、大切な生命・身体・財産をお持ちですので、自傷・他害から守ってあげたいと私は思います。そして、もし支援者としてそういう場に立ち会ったら、その事件をきっかけに私も少しは成長できたらいいな、と思っています。

浅見　ありがとうございます。

榎本　私の本では、何をすれば犯罪となるのかはお伝えできたと思います。警察が何を目的に動いている組織なのかもお伝えできたと思います。

浅見　そうですね。あの本は一般に意識されていない警察の仕組みを教えてくれたと思います。

私自身、警察が「人々の自由な活動」を守っているということを知ったのが収穫でした。たとえば私が被害者になったとき、榎本さんは取り調べから送検まで担当し、私の自由な活動を守ってくれました。そして不法な行為に警察が介入することは、フェアな経済活動で生計を立て世の中に貢献したいと願うすべての人たちの自由を守ることにもつながっていました。

警察が何を守っているかをはっきりさせることで、たとえ障害がある子でも、他人の「生命・身体・財産」を傷つけなければ自由な人間として生きていけるのだという解放感を『元刑事が見た発達障害　真剣に共存を考える』という本は与えてくれたと思います。

榎本　それでもどうやったら「ケガせず、ケガさせず」の対応ができるかについては、廣木道心さんに具体的な方法を教えていただきたいと思い、今回のご紹介に至りました。廣木先生は、大阪在住、知的障害のある自閉症の息子さんをお持ちの武道家で、お子さんの将来を案じて、介護福祉士としても施設でお仕事をされてきました。息子さんは、大阪の公立高校に一般受験で入学し、公立専門学校でデザインやイラストを学ばれて、今はイラスト関係のお仕事をされています。

浅見 なるほど。知的障害があるにもかかわらず、特別に「囲われた」社会ではなく一般の社会のなかでお子さんを育てていらしたのですね。

お子さんを地域社会で育てたい、と潜在的に思っていらっしゃる方は多いと思います。けれどもその方針を貫くには、自傷・他害・パニックがないことが必須になりますよね。その状態を実現するのに武道がどれくらい役に立ったのかおききしたいところです。

自傷・他害は防ぐべきか？父として、介護士として、武道家としてこう考える

浅見 それでは廣木さんお願いいたします。まず最初に榎本さんにしたのと同じ質問をさせてください。

そもそも自傷・他害は防ぐべきでしょうか？

廣木　そもそも私の場合は、育児のなかでやっていたことですから、防ぐべきか？　と考えたこともなかったです。

我が子が傷ついたり、誰かを傷つけたりすることは親としてはつらいので止めることしか考えていなかったです。

浅見　なるほど。我が子が傷つくのもつらいけど、我が子が誰かを傷つけるのもつらい、というのが親心なのですね。

子どもが誰かに傷つけられることも、誰かを傷つけることも、親としてはつらいことである。

廣木　息子がパニックを起こして他害行為を起こしたときには、お互いが傷つかないように自身の武道の知識をもって試行錯誤しながら対応していました。

そして、自分のやり方はあくまで自己流だという自覚があったので、パニックに関する療育の本を図書館で調べたわけです。

浅見　有効なパニック介助法はありましたか？

廣木 当時、私が調べた範囲の従来の療育では大きく分けて二つのパニック時の対処法がありました。

①「すぐに止めず、少し見守りましょう」
②「治まらないときは落ち着く場所に移動させましょう」

の二つです。これしか書かれていなかったですね。

あとは、そもそもパニックが起こらないような予防が必要であり、パニックを起こすような環境や関わり方に問題があると主張されている印象を受けました。

これってすごく矛盾しているなということを感じました。

パニックがあって初めて問題として認識されて予防策を考えるわけだから、対応が最初にあるべきです。それが予防の方法しか提示されていないのですから。

それとパニックが起きてしまったとき、関わり方が悪い、環境調整ができていないのが悪い、パニックになること自体がおかしいと言われたら、落ち着きがない子どもを持つ親の立場からしたら、すごく自身が責められている気分になりました。

浅見 なるほど。お子さんがパニックを起こすと親の通信簿に悪い点がついたような気持ちになってしまうのですね。
おそらく専門家たちが「周囲の対応が悪い」と言うときには、「本人を責めないで」とか

「専門性のある支援を取り入れて」という好意的な気持ちもあると思うのですが、「関わり方」や「環境調整」のみのせいにされてしまうと、親御さんの自尊心が傷つくこともあるのですね。

パニックは本人が悪いのではなく周囲のせい、という決まり文句が親を傷つけることもある。

廣木　「小学校の高学年になったらパニックがなくなる」みたいなことが明確に書かれていることもあります。けれども実際には、小学校高学年になっても大人になってもパニックを起こしている人がいるわけです。それは周囲のせいなのだと言ってしまうことで、間接的に親を責めていることを療育に携わる方々が気づいていないんです。

浅見　なるほど。見落としがちですが、親の立場からいうとそうですね。

廣木　はい。でもうちの子に関しては、パニックは治まっていったんです。

ところが自分でもどうして治まったのか理論化できなかったんですね。それを今回花風社さんとご縁を得て栗本啓司先生の本を読ませていただいて「なるほど、これだから治まったのか」とわかったのです。私自身がわかっていなかったことがいっぱいあったんですよ。例えば私はブラジリアン柔術をやっていたんですけど……。

浅見 あの踊るみたいなやつですか？

廣木 あれはカポエイラですね。ブラジリアン柔術は、柔道の寝技がメインのような柔術です。それをやっていたもので息子がわーって殴りかかってくると、寝転がって身体で対話していたんですよ。戯れていたんです。すると息子が落ち着いたんですけど、理由はわからなかったんです。でもとにかく治まるので、周りの人からなんで治まったのかやり方を教えてくれって言われて、これはまずいぞって思って、ヘルパーになりました。いい加減なことは教えられませんから、自分の息子の臨床体験だけじゃまずいなと思ったので。それからどうやったらパニックが治まるのか研究しだして今に至ります。当時わからなかった理由が今回栗本先生の本を読ませていただいてわかりました。

息子にはＡＴＡメソッドというのも取り入れました。東田直樹さんは抱っこ法を取り入れてハグしたりしていたようですね。結局満たされないと暴れ続けるみたいなものなのかなと思います。抱っこ法とかは叩かれたりしながらハグし続けるらしいんですけど、抱きかかえとかいろんなことをやって、身体感覚が柔らかくなって、それでたぶん色々なことがつながったんだと思うんです。

また介護士になってからＡＢＡとかＳＳＴとかをデイサービスで専門家を交えてやっていましたけど、そういうものを導入しても暴れる子は暴れていましたから、結局その都度対応していました。

浅見 ＡＢＡやＳＳＴを「支援者が習っているから」、「自傷・他害・パニックには対応済みである」。「それで効果がないのなら仕方がない」。というアリバイみたいな支援が私には物足りなく感じるのですね。実際にこれまで使っている手法が通じていない子も多いのだから何かもっと考えた方がいいはずなのに。

従来の支援方法では防げない自傷・他害・パニックがある。

廣木 自傷や他害行為にもレベルがあります。少し見守って落ち着くならそれでもいいのですけど、私の関わりのある方のなかには自傷行為で自分の指で目を思いっきり突いて片目を失明されたり、顔が変形するほど殴り続けられたり、ガラス窓に頭をぶつけ続けて顔中切り傷だらけになった人がいました。他害行為でパニックになった中学部の男の子が支援者（教員・女性）の唇を噛み切ってしまい、その女性の下唇が落ちたり、精神障害のある女性に同居人（婚約者）の男性が中指を噛みつかれて、指を噛み切られてしまい第一関節から先がちぎれてなくなってしまったり、母親が髪の毛を引っ張り廻されて髪の毛がごっそりと引きちぎれて頭から流血したり、ガイド中に第三者に殴りかかろうとした利用者を止めにはいったヘルパー（アルバイトの大学生）が鎖骨周辺を噛みちぎられたり……。

浅見 深刻な事態を目にされてきたのですね。

廣木 そういう事例は私が直接かかわりのある人の話だけでなく、他にもあると思っています。

これを防がなくていい？ ありのままを受け入れろ？ というのは私には理解できません。親も兄弟も教員も介護士も支援者だって、みんな人間ですからね。

それを障害だから仕方ないでしょ？ パニックにならないようにできないのが悪いのですよ。といわれても、ハイそうですか、指を噛みちぎられた私の関わり方が悪かったのですね。すみません。というのは変じゃないですか？

だからといって、我が子に噛みつかれて、噛みつき返したり、殴り返すのもできないし、おかしいでしょ？

他害を受けるのが支援者や保護者といった「身内」であっても他害は防ぐべき。

浅見 そうなのですよね。たしかに今も各事業所や自治体で「強度行動障害の研修」と銘打った試みが続けられたりしていると思うのですが、それでも治まらない人がいる場合、誰かが傷ついているわけです。保護者や支援者なら傷ついていいというわけではありません。だからこそもっと対応法を探したほうがいいと思って今回廣木さんと栗本さんにお声をおかけした次第です。

廣木　そういう研修の場で教わるのは応用行動分析、アセスメント、構造化、視覚支援などですね。そしてそれが全部通じないと「医療との連携」になる。

浅見　医療との連携とは？

廣木　薬漬けです。そして親としてはこれに抵抗があるんです。

浅見　薬物のすべてを否定するつもりはありませんが、「できればのませたくない」という親御さんがいるのなら薬以外の選択肢があって然るべきだと思います。薬物も効かないとどんどん処方量が増え本人の健康を犠牲にすることがあるとも聞きますし。

廣木　はい。それと一応現場にも、支援者が傷つけられてもいけない、という発想はあるので、支援者向けの護身術みたいな講座もあります。けれどもそこで教わるのは包括的暴力防止プログラムなんです。

浅見　包括的暴力防止プログラムってなんですか？

廣木　アセスメント等に加えて、具体的な身体介入法も示している技術で、強度行動障害支援者養成研修のテキスト（大阪府障害者自立相談支援センター研修資料）にも、危機介入の資料の参考文献として書かれていました。

もとになった欧米の身体介入法は合気道などの武道をベースにしていますが、日本では肥前精神医療センターの研修グループが佐賀県警察本部と北九州医療刑務所で暴力への介入技術のトレーニングを受けて開発したプログラムのようです。

テキストに記載されている実際の技術は、一対一の際は「殴って来たら、手を払って体さばきで避ける」というようないわゆる、一般的な護身術のようなものであり、その後は逃げるか、合気道のように相手の手首をねじって関節技をかけるような対応が紹介されていました。

しかし、実際には「こうしたら、こうする」といった方法で対応するのは反射神経がよくなければ困難です。

そのためかチームテクニクスという「数で抑えつける」技術が紹介されています。結局、三人がかりで抑えつけたりするということですよ。そしてこういう方法を用いると、支援する側される側の信頼関係は成り立たなくなるんです。

浅見 そうでしょうね。

廣木 栗本先生の提言するコンディショニングなどできなくなるんです。そもそも触れられない関係性になってしまいますから。

浅見 なるほど。結局乱暴に数で抑えつけるか薬物で抑えつけるかなのですね。長期的に見て、抑えつけるような対応は避けた方がお互いのためなのに。

廣木 そうです。けれども実際には多くの現場で抑えつけるような対応が行われています。

つまり、自傷・他害を治せなくて家族が面倒見切れなくなると、結局言い方は悪いけど薬漬けにされ、抑えつけられ、そして自由のない刑務所みたいなところに行くことになるんです。その現実を親御さんがあまり知らないんじゃないかと思うんです。

自傷・他害が大人になっても残っていると自由のない生活を余儀なくされるのが現実である。

浅見　そうですね。そして応用行動分析の専門家たちは「問題行動は無視」とか言いますよね。それが常に正しい対応とは限らないのではないかと思うのです。ある意味「無視」は「何もしなくてもいい」ということなので、支援者側としては省エネできるのかもしれませんが。

私は自閉症の人によって法的な被害を受けたことがあります。物理的な暴力ではなく、当時知能犯担当刑事だった榎本さんにお世話になる種類の事件でしたが。

そのころも「問題行動は無視」というのが、発達障害者支援の人の共通の理念のようでした。相手にしない方がいいと言われました。けれども被害を受けている私たちにとっても、加害し続ける加害者にとっても、そしていくら加害をしても不問に付されることを見ている人たちにとっても、無視し続けてはいけないだろう、とついに決心し、民事提訴、刑事告訴したのです。

廣木　私も実際に無抵抗というのも試してみたことがあるんですよ。

ある施設に他害行為の激しい大柄な男性の利用者さんがいて、以前、その利用者と関わりのあったスタッフから「彼がパニックになったら口の前で人差し指を口に当てて静かにというポーズをとって何も反応せずにいたら治まる。こちらが反応を示すから、さらにやってくるから」というアドバイスを受けて殴りかかってきたときに静かにポーズをとってじっとしていたらボカスカ殴られました。

でも、抵抗せずに、どこまで殴ってくるのか急所だけはカバーしながら殴られ続けてみました。

結局、そのときは別のスタッフが私が殴られている状態を見て、びっくりして止めに入り、抑えていました。

その後も、しばらく無抵抗を続けてみたんですね。殴っても反応しないと、今度は服を引っ張っぱられて、胸元からビリビリに破られました。頭に唾をかけ続けられたりもしましたが、じっとしていました。すると私の腕をもって爪を立てて引っかいてきました。

何度も引っかかれましたが我慢していたら、腕から血が流れだしましたので、そこではじめて、これ以上の無抵抗は無駄だなと感じて、腕を抑えて背後に回って抑えました。

浅見　「療育の世界の常識」とプロトコルを守って「やられっぱなし」を甘受していたのだけれど、流血に至ってやっと武道家の本領を出したわけですね。しかもやっつけるのではなく、抑えるだけにとどめた。

廣木　このとき私は落ち着くまで抱きかかえていただけですが、相手の抵抗する力が強かったこともあり、相手はその部分だけ腕にうっすらとあざが残っていました。

最終的には落ち着いて「もうしません」と本人は言われていました。

翌日、その利用者の腕にあざが残っているがどういうことか？　と現場を見ていない事務局の人から電話で注意を受けましたが、現場を見ていたスタッフが、それまで私が殴られ続けたり、服を破られたり、唾を吐かれたり、引っかかれて血が流れていたことを証言してくれて、私の引っかかれた腕の状態を見せると、何も言わず黙っておられました。

誰かを傷つけたときの当事者の気持ちは様々かもしれませんが、東田直樹さんの書籍では「パニックを起こしたときは止めてください」と書かれていました。

本人もどうしようもない身体の状態であり、その後、人を傷つけたことを後悔しているように感じました。

実際にパニックで他害を起こしたときは、当事者が落ち着くまで時間がかかりますが、他害行為に及ぶ前に防いで誘導したときは立ち直るまでの時間は短く、その後、引きずっている感じもなかったりします。

自傷行為に関しても、殴ったりすることで自分の存在を確認しているようなところがあるので、抱きかかえながら身体を弛めてあげると、それだけ早く落ち着かれたりします。防がなければ当事者もつらいのではないかと感じています。

そして、他害行為を第三者に行ってしまえば社会環境のなかでは共存できなくなりますよね？

一時的なパニックのために犯罪者になってしまうことは、当事者も家族も支援者も誰も望んでいないと感じています。

「問題行動は無視」では通じないことがある。
「止めてもらった方が本人にとってもうれしい」こともある。

浅見 先ほど「暴れる利用者さんの背後に回って抑えていた」とおっしゃいましたが、それがこの本で皆さんにご紹介したい「護道介助法」の一部ですね？

その実践については後の章で詳しく教えていただくこととして、廣木さんの

- 自閉症の子を持つ父親としての「みんなのなかで生きてほしい」という切実な思い
- 武道家としての実践・修行
- 介護士としての現場経験

が統合されて「護道介助法」が生まれたのですね。

そして見てきたとおり自傷・他害への対応についてはすでに従来の療育の世界で様々な方法が取り入れられています。

有効かどうかはともかく取り入れられています。

それと護道が違うのはどこですか?

廣木　先ほども言いましたが、昔、私が調べた範囲の従来の療育ではパニック時の対応としては「すぐに止めず、少し見守りましょう」「治まらないときは落ち着く場所に移動させましょう」という二つが繰り返されるだけで、具体策は書かれていませんでした。

その後「医療現場の暴力防止プログラム」とか高齢者の介護現場での介護士の護身法みたいなものを個人で空手の先生や太極拳の先生がやっていたりするのをネットで見かけたりしました。

共通しているのは、どれも自己防衛を主体とした従来の武道や護身術(合気道・空手・柔道・中国拳法・逮捕術)を参考にしているということです。

私自身も様々な武道や護身術を学んできたいわば武道マニアですので、一通りはできるのですが、結論からいえば、それでうまく行くなら護道など生み出す必要はなかった、ということです。

別にわざわざ新しいものを作らなくても既存のもので有効なものがあるなら、それでよかったわけですし、今も護道より良いものがあれば、それを取り入れればいいと考えています。

有効性という意味で護道が他の方法よりもマシだと言える理由は、まず想定を年齢差のある女性(母)が若い大柄な男性(子)が暴れたときにお互いに傷つかないで済むことを基準にしました。

浅見　なるほど。それは大切ですね。

廣木　そうなると体重別が問われたり、年齢で引退があるような現代のスポーツ競技感覚のものでは難しいわけです。

また反射神経が問われるものも厳しいですね。

年齢からくる体力差、性別からくる腕力差を考えたら、武道でいえば達人レベルの技術じゃないと通じないわけですが、そんな修行をしていたら時間がかかるし、全員が達人になれるとは限らないので何とかできないかと模索してきたわけです。

そして編み出したのが「自他護身」を旨とする「護道介助法」です。

自分も相手も傷つけない武道だ、というと合気道と比べられます。

また合気道は相手の力を利用するから力が要らないといいます。

例えば、相手が殴りかかってきたら、体さばきでパンチをかわして、その相手のパンチのベクトルに手を添えて自分の力を加えて相手を投げ飛ばすとか、関節を極めて抑えるとか……。

しかし、それってすごくレベルが高いというか、それこそお約束の演技以外では達人しかできない。

そもそも殴ってきたパンチをかわすという発想では反射神経が問われますからね。

避けそこなったら相手の力を利用する前に殴られますから。

あと関節技で抑えつけるというのも結局、腕力差があったら難しいです。それは「暴力防止プログラム」とかのテキストを見てもらったらわかると思います。護道介助法は、そもそも殴られたのを受けようとかかわそうとか、もちろん殴り返そうとか、抑えつけようとかするものではないわけです。コミュニケーションツールとして考えているので、その点の発想が全く違いますね。

体力差・腕力差を問わないコミュニケーションツールとしてのパニック対処法として「護道介助法」が生まれた。

浅見　私は武道をやったことはありませんが、武道は勝敗がつき、勝敗にこだわる競技だと理解してきました。けれども廣木さんが自傷・他害・パニック介助のために作った「護道介助法」では勝負は関係ないのですね。

廣木　護道は引き分けの武道です。当事者との関係性を重視していますから、抑えつけて信頼関係が崩れたら意味ないですすからね。

浅見 お稽古編で習うのが楽しみです。

廣木 自傷・パニックで困っている現場で護道介助法が使われることを願っています。だから講師のお声がかかると出かけて、事業所や教育の場に広めています。訪ねてきてくださる一般の保護者の方に伝授することもあります。

けれども矛盾しているように聞こえるかもしれないんですけど、護道の技は覚えてほしいけど、使われなければその方がいいんですよね。

浅見 なるほど。

技を使わなければいい、という状態はすなわち、自傷・他害・パニックがないという状態ですものね。

廣木 はい。私の目的は、最終的には自分がかかわらないようになることです。パニックがなくなればベストですから。そういう意味でもこの本で栗本先生とコラボレーションできることは楽しみにしてきました。

パニックへの対処スキルを覚えておくのは大事。けれどもそのスキルを使わないで済めばそれがベスト。

浅見　なるほど。

ではまず、次の章で栗本さんに色々提言をもらいましょう。

ずばり「誰も傷つけない身体づくり」への提言です。

そしてその後、廣木さんの提唱する「護道介助法」をみんなで習いましょう。

すなわち「誰も傷つけない身体づくり」であると同時に、支援する側にとっては「傷つかない身体づくり」でもあります。

それでは栗本さん、よろしくお願いいたします。

第二章

誰も傷つけない身体づくり

自傷・他害・パニックを起こさない身体を育てる

どんな提言をしてきたか

浅見　さて、栗本さん、このパートでは「自傷・他害をしない身体の条件」について考えてみたいと思います。

栗本さんが発達援助の本を出してから、生まれつきだから仕方がない、と諦められていた一次特性（障害）がどんどん改善していく人が増えました。というか改善のレベルを超え、「治った」という実感を持つ人が多くなりました。この本で初めて栗本さんを知る人のために、最初にこれまで出した本と、それぞれの本が何の解決策を提言しているか、列挙しておきます。

①自閉っ子の心身をラクにしよう！――睡眠・排泄・姿勢・情緒の安定を目指して今日からできること（二〇一四）

発達の遅れという以上、関節や内臓にも発達の遅れがあることを指摘し、改善のため家でできる身体アプローチを提言した。

②芋づる式に治そう！――発達凸凹の人が今日からできること（二〇一五）

発達障害の人がなぜ季節や気候に翻弄されすぎるのか種明かしをし、各季節の上手な乗り切り方を提言。「水収支」（摂取し排出する水の収支を合わせること）が感覚・情緒の安定につながることを指摘。その改善策を示した。

③人間脳の根っこを育てる——進化の過程をたどる発達の近道（二〇一七）

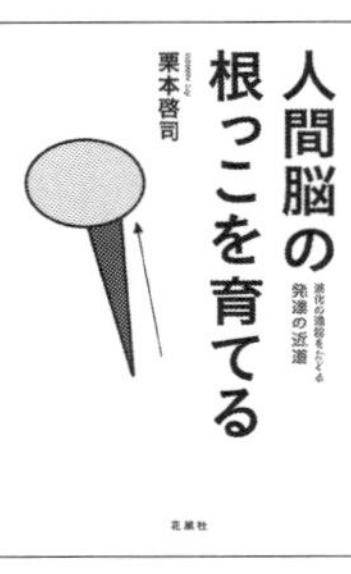

人間社会では立位での生活を余儀なくされるが、運動機能の発達段階が立位にまで実は至っていない場合それは「社会性の障害」として現れることがある。脊椎動物の進化の過程をたどり直すアプローチで発達のヌケを埋めることを提言した。

④感覚過敏は治りますか？（二〇一八）

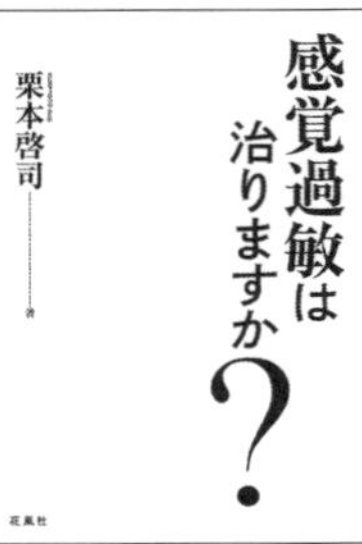

感覚過敏は感覚器官の未発達ではないかという仮説に基づき、感覚過敏からの解放を目指すための各種アプローチを提言した。

①は私がかねてより、「どうして自閉っ子はこういう姿勢なんだろう？　そしてパニックになるとよけいこの姿勢が強まるんだろう？」という疑問を抱き、栗本さんに

- ●発達障害の人が抱えている関節や内臓の未発達
- ●内臓の未発達と睡眠・排泄・姿勢・情緒等との関連
- ●未発達の発達援助が方法

を提言してもらった本でした。

＊『自閉っ子の心身をラクにしよう！』
栗本啓司＝著より

神田橋條治先生の『発達障害は治りますか?』以来の花風社の伝統に基づいて

●自分でできて
●金がかからなくて
●できたら身体のなかに何も入れない

方法を教えてもらいました。

そしてその次に出した②の本は、やはり私がかつてより疑問に思っていた「どうして発達障害の人は季節や気候に翻弄されるのだろう?」という疑問に答えてもらった本でした。

そのなかで、

●発達の遅れ・ヌケが泌尿器系にも及んでいるのではないか
●その遅れ・ヌケへの発達援助方法

の提言をいただき、これによって季節の変わり目に体調が崩れない子が増えました。日本という四季に恵まれた環境で、その四季を上手に乗り切りながら発達していく実践をする人が増えました。

また登校渋りや引きこもりという問題が、意外と「水収支」に関連しているのではないかという指摘も多くの人にとって心当たりのあることでした。そもそも、発達障害の子に汗が出にくいのは観察されていたことでしたし。

水分を取り、それを体内で使い、残りを出す。そのサイクルがうまくいっていない人が意外と多い。そしてそこを正常化すると、心身が崩れにくくなるという体験をする人が増えました。

そうなると発達障害の一次特性である感覚過敏も和らいでいきますし、治ると言えるレベルになる人もいます。

そのなかでパニックが治まっていった人も多いのです。

そこで今回この本のなかでは栗本さんに、「自傷・他害・パニックを起こさない身体づくりは可能か？」という質問に提言をいただきます。

よろしくお願いいたします。

栗本　よろしくお願いいたします。

水収支と自傷・他害・パニック予防

浅見　まず最初におうかがいしたいのは、やはり「水収支」（泌尿器系の機能がしっかり働き、取った水がきちんと役目を果たしたあとで排泄されること）は相当感覚面・情緒面に影響があると理解しているのですがその理解は合ってますか？

栗本　はい、そのとおりです。

浅見　「発達障害は発達の遅れという以上内臓機能にも発達の遅れがある」という栗本さんの指摘は目新しいけど納得のできるものでした。

そして自傷・他害・パニック予防には感覚面、情緒面の対応が大事ですから、「自傷・他害をしない身体の条件」の一つに「泌尿器系がきちんと機能し、水収支が合っていること」があるような気がします。

栗本　そうです。水収支が合っているかどうか、お子さんをつねに観察してあげてほしいんですよね。

たとえば冬に登校渋りなどのご相談があり、親御さんがお子さんをつれていらっしゃることがあります。実際にお子さんにお会いすると、皮膚の状態を観察します。たとえば、唇の端が切れていたりすることが多いです。ということは、体内に水を十分保持できていないだろう、という推論が成り立ちます。足の裏を見るとかさかさだったりします。そのようなときに水分を保持するためのアプローチをすると、お子さんが自然に学校に行き始めたりします。

浅見　身体に十分な水分を保持できず、つらかったのですね。

栗本　はい。そのつらさを解消しないでただ言葉で「学校行きなさい」と言うことに効果がなくてもおかしくありません。言葉以前のアプローチ＝身体アプローチが必要です。

浅見　しかもじゃあそれをどう整えるかというと、本当にカンタンに家でできることも多い。

＊『芋づる式に治そう！』栗本啓司＝著より

こんなことで水収支が整っていってしまう人を見てきたんですよね。そしてお子さんは元気になり、学校に行き、親御さんも安心する。

『芋づる式に治そう！――発達凸凹の人が今日からできること』を読んでいない方は「なん

でそんなカンタンなアプローチで学校に行き始めるんだ？　ウソだろ？」と思うかもしれませんが、実際に行き始めてしまうし、『芋づる式に治そう！――発達凸凹の人が今日からできること』を読めば「なんでこんなカンタンなアプローチが大事なのか」納得した上で取り組めるので、今からでも読んでくださいと言いたいです。そう言うと「もう一冊読めと言うのか！」と怒り出す人が必ずいるんですけど、じゃあこの本を千ページ二万円にして全部一冊にしてしまったらこれまで本を買ってくださった読者に申し訳ないので、「水収支っていうのがあってそれが整うといいのか」と興味を持った方は素直に『芋づる式に治そう！――発達凸凹の人が今日からできること』を読んでいただけたらいいと思います。そして最近気がついたんですけど、水収支に乱れがある人は色々過敏だしちょっとつきあいづらい感じですね。

栗本　そうかもしれません。刺激に対する反応が大きいですから、それが自傷・他害・パニックといった現象の可能性を高めるかもしれませんね。

そもそも水は命のもとですから、それが循環していないと苦しいです。

また、体内の水分が少なくなると血液が濃くなります。そうすると心臓に負担がかかります。心臓がバクバクするとイライラしてきて不安が引き起こされるし、他害の要因にもなるかもしれないですね。循環は大事です。ですから、水収支に注意してあげること、泌尿器系の発達の遅れに気をつけてあげることはとても大事です。

自傷・他害・パニックを防ぐためには「水収支」が整っていることが大事。

排泄と自傷・他害・パニック予防

栗本 泌尿器系に加えて、消化器系も観察するといいですね。吸収・排泄がちゃんとできているかには注意した方がいいです。お腹が張るとイライラするでしょう。

そしてそれに関しては、これまでの本でご紹介してきた金魚体操（↓62ページ）などの身体を弛める実践でなんとかなることが多いです。

あと、感情のコントロールというと排泄（大小）がきちんとしてこないと、難しい面があります。

浅見 ああ、そうでしょうね。それが一番最初の自分コントロールですものね。

栗本 そのためにも排泄は自立しておかないといけません。内臓覚がしっかりと育つことが大事です。そう考えると、やはり内臓の未発達と自傷・他害・パニック等の爆発とは関係がありますね。

金魚体操

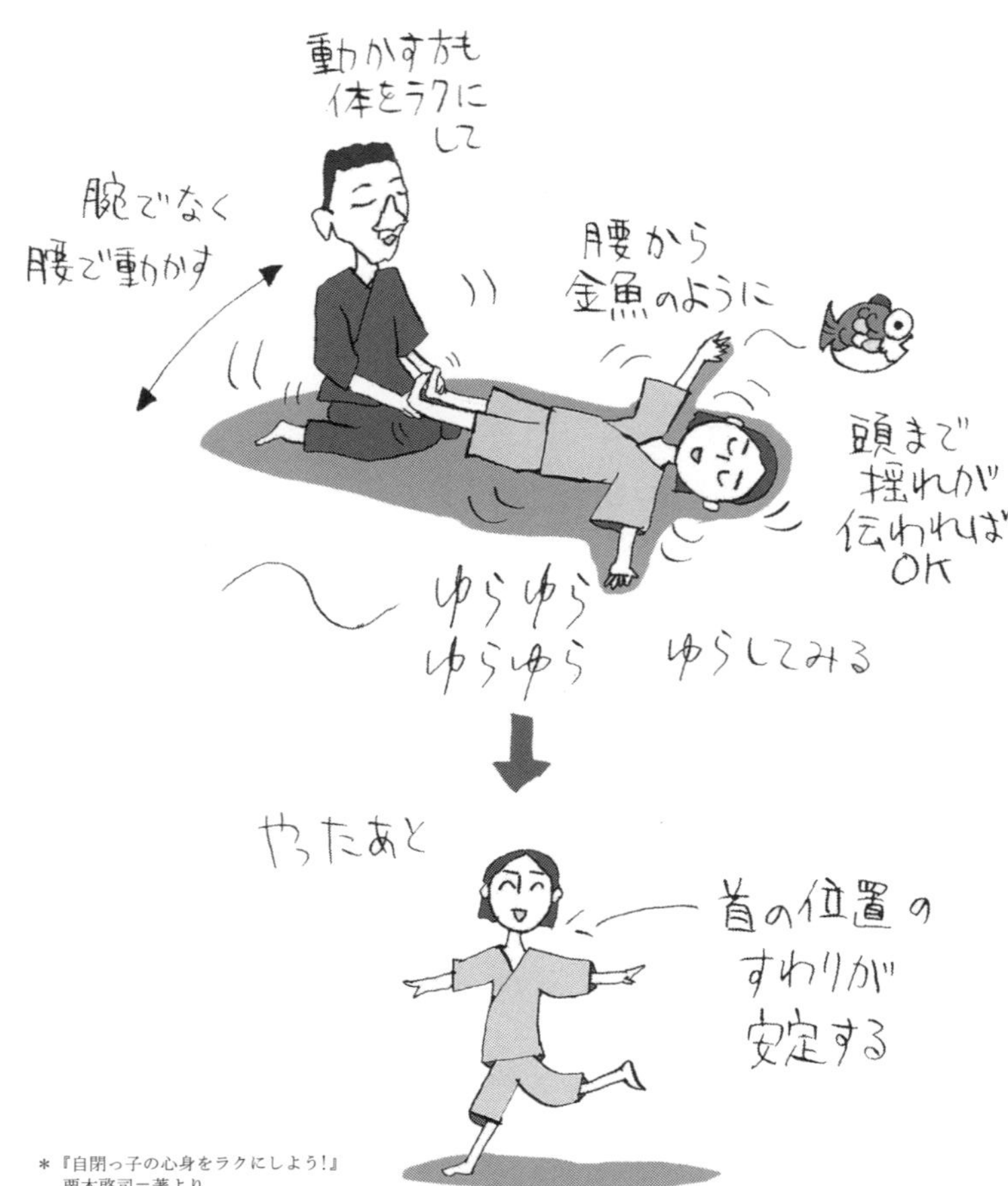

＊『自閉っ子の心身をラクにしよう！』
栗本啓司＝著より

自分のコントロールの最初の一歩は、排泄の自立である。内臓覚の発達は自傷・他害・パニックを防ぐ上でも大事。

浅見　栗本さんはこれまで、排泄に関して、いくら回数をこなしていても、実は内臓の機能が未発達で排泄が十分にできていない場合もあると指摘されていますね。何回トイレに行ったとしても、きちんと排泄されているかどうかが大事だと。きちんとされていなかったら、自分の身体に居心地が悪いですものね。

栗本　そしてこれまでの本でも指摘してきたとおり、排泄には汗も含まれます。汗をかきにくい発達凸凹の方は、それこそ自分の身体の居心地がよくないと思います。

どのように居心地がよくないかは個人の感覚によって違いますが、身体がものすごく重い、だるいといった感覚を訴える子どもたちが多いです。場合によっては、それが引きこもりにつながることもあります。

排泄に関しては、回数ではなく本人の主観的な「スッキリ感」が大事。
「スッキリ感」がないことが、引きこもり等の背景にあるかもしれない。

支援者の身体と自傷・他害・パニック予防

浅見 でもね、なんといっても療育の世界では、自傷・他害・パニックを防ぐために環境調整がイチオシなんです。環境調整はたしかに大事だし、言葉のない子が絵カードとか気持ちを表出できる手段を得て落ち着くということはあると思います。

でも考えてみたら、一番身近な環境って本人の身体ですよね。だったらまず第一の環境調整は本人の身体を整えることだと思うんですけど。

栗本 本人の身体も環境ですが、支援する側（保護者・支援者）の身体も本人にとっては環境です。

浅見 ああたしかに。

栗本 施設とかに指導に行って、金魚体操を教えても支援者がやると拒む人とかもいます。

支援者の身体が緊張していると、それが伝わって心地よくないようです。

浅見 なるほど。支援者たちのなかには、構造化等、空間的な環境調整については熱心に学び、取り入れている人もそれなりにいるかもしれません。でも当人の身体や自分の身体と存在も環境なんだとはあまり考えていないかもしれませんね。

> **環境調整が大事ならば、第一の環境は本人の身体の状態であるので調整する必要がある。**
> **空間的な環境と同様、支援者の身体状況も環境の一部であり、支援を受ける側に影響を与える。**

栗本 話をご本人の身体に戻しますが、ご本人たちの身体を見ると、抽象的に言うと身体の緊張が目につきます。そして具体的に言うと肩とか肘が張った人が多いです。こういう感じの姿勢の人が多いでしょ。

こういう姿勢だと、緊張が溜まってしまっているんですよね。その緊張が何かの拍子に行為として出てくるわけです。

浅見　他害とか。

栗本　そう。そして行為として出してしまうと身体は弛むので、ころっと変わったりしますね、気分も。小さい子なんてとくにそうです。排泄しきれていなかったり、汗をかけなかったり、乾いていたり、自分の身体に何か起きていることに不安を感じると走ったり暴れたりします。それで発散するとあっけなく変わりますね。

自傷・他害・パニックは緊張が高まった末の発散行為でもある。

余剰エネルギーと自傷・他害・パニック予防

栗本　心身に何か動けない理由があり引きこもってしまうとエネルギー（＝体力）が余ってしまいます。するとそのエネルギーを解消するために身内に暴力を振るったり、刺激の強い映像やゲーム等を求めてしまうことがあります。
そして思春期になると、なかなか親といえども身体に触れるコンディショニングは難しいと思います。

浅見 そうですよね。

栗本 だから「どうやったら自発的に動くのか」をよく考えた方がいいと思うんです。例えば食べることが大好きなお子さんがいます。余ったエネルギーを解消するために無理にスポーツや運動をさせるのではなく、料理の材料を一緒に買いに行ったり、食事を作ったり、お子さんの興味や関心を認め、それに関連する動きを考えて実行する工夫が必要だと思います。

なぜなら思春期は一番体力がついてくる時期でもあり、生活のなかで身体を使わないと余ったエネルギーがはけ口として自傷・他害につながる可能性もあるからです。

> 余剰体力をためないことは大事。
> きちんと疲れる生活は大事。
> スポーツや運動に限定せずどうすれば身体を動かすのか考えよう。

浅見　余剰エネルギー、余った体力の問題には、従来の療育・支援の世界でも気づいて手を打っていると思います。

栗本　例えばどういう対応をしていますか？

浅見　入所施設では山に連れて行ったりするようです。科学的な方法なんかなかったころでも、たとえば夏休みなど学校のないときは体力が余っているのに支援者の人たちが気づいて半日でも山歩きするとよく寝られるとか、そういう経験は積んできたそうです。

栗本　それは基本ですね。あと身体の知識として知っておくといいのは、左右に偏りやすいと感情が表出しやすいということです。

浅見　そうなのですか。

ただ、そういうことを栗本さんが言うと必ず真に受けすぎて「偏り消滅原理主義」になる人がいるんですよね。でも栗本さんと数年仕事をしてきてわかるのは「理想の身体」を目指して無理する必要はないということです。利き手・利き足・利き目がある以上どうしたって身体って偏るだろうし、日々の生活のなかでホットタオルや金魚体操などをしてその偏り（緊張部位）を取ることもできます。それはこれまでの本を参照していただけるといいですね。

それに余剰エネルギーはやっかいだとしても、エネルギー自体は大事ですものね。エネルギーはないとやりたいことができません。

> 引きこもっている人にもエネルギーの余剰が起きている。
> エネルギーの余剰にどう対応するかも大事。
> 日々の生活のなかでこまめに緊張をほぐしていくことはできる。

目の状態と自傷・他害・パニック予防

栗本　また、ホットタオルの話が出たところで目の状態にも注目したいですね。
「眼を飛ばす」「目が据わる」「メンチを切る」という言葉があるように目は身体だけでなく

心や感情の状態も表します。

例えば、目に入ってくるものに対してすぐに反応してしまう人もいますね。目の使い方の癖や疲労でものぐさになったり、キレたりする行動が見られることもあります。

直接指導したのではないのですが、遠方の臨床心理士さんが拙著を参考にして、目をホットタオルで温めることを中心としたコンディショニングをしたところ、強度行動障害の中学生の家庭内暴力が減り、生活でも自発的に物事に取り組めるようになったという報告がありました。

目が疲れているとき、あるいは目つきが険しい場合には、目を休めてあげることで自傷や他害が減ったり、パニックが予防できるかもしれません。

＊『芋づる式に治そう！』栗本啓司＝著より

目の疲労にも注意して手当すればキレる行動の予防につながる。

パニックは見守ればいいのか？

浅見　ところでこの本のタイトルは『自傷・他害・パニックは防げますか？』なんですけど、栗本さんの今までのお話だとパニックには発散という面があるみたいですよね。そして発散はむしろポジティブな行為だったりします。

私は現場の人間ではないですから現場にいる皆さんに比べると回数は少なくても、自傷も他害もとりあえず伴わないパニックというのは何度も見たことがあります。なすすべもなかったし、どっちかというと止めてはいけないんじゃないか、と思ったというのが正直なところです。

ただ、もし自傷が流血沙汰とかになったら、さすがに自分なりに止めたと思います。廣木さんと違って武道の心得とかはありませんけど、たとえば手をつかむなりなんなりして。それでも大柄な男性とかだったら力で負けるので、どうしようもなかったかもしれませんね。

そして他害だったら止めようとするでしょうし、自分がもし他害の対象になったらおそらくやられっぱなしではいません。だからこそ「やられたらやられた方が悪い」という従来の療育・支援のえらい人たちが言うことに疑問を持ってきたのです。支援者の方にだって人権はあるはずなのに、と。

暴力の対象が人ではなく物だとしても、大人になったら器物損壊（刑法二百六十一条　三年以下の懲役又は三十万円以下の罰金若しくは科料に処する。）の罪に問われかねないのです。だから私は自傷・他害については絶対に止めるべきだと考えてこの本を企画したのですが、誰にも何にも害を伴わないただのパニックに対してはどういう対応をすればいいんだろう、発散なら放っておいたほうがご本人が落ち着くのではないだろうか、と今のお話を聞いていて思いました。

栗本さんはどう思われますか？

実害のない発散は止めた方がいいのですか？

栗本　私はその点に関しては二つの考えを持っています。

一つめは、脳を含め身体を傷つけることで命に危険性がある場合。その場合、問題は止め方です。頭を壁に打ち付ける場合は柔らかいマットなどで保護して様子をみる。廣木道心先生の護道介助法のように止めることができれば自然に自傷をやめることはできますが、下手に止めるとかえって助長させてしまう場合があると思います。

二つめは、自傷を起こしている原因を解決すること。その場合、コンディショニングを通して身体が持っている原因をなくすことが必要かと思います。その人自身の生命にどのくらい危険なのかが基準です。

浅見　そうですか。二つめがこれまで栗本さんが教えてくださったことですね。

私自身は、支援者ではなく一般社会人なので、法治国家に生きる一般社会人らしく、警察法第二条（↓6ページ）に従って考えることにしました。すなわち、「生命・身体・財産」が危機にさらされているかどうかです。それはやっているご本人の「生命・身体・財産」も含めて、「生命・身体・財産」が危機にさらされていたら止めるべきである、というのを基準にしました。そして「生命・身体・財産」がとくに危機にさらされていなかったら、止めなくていいんじゃないかというのが自分のなかにある暫定的な答えでした。

けれどもご本人の立場に立ってみたらどうでしょう。

強度行動障害とくくられるカテゴリーにいる人たちは、なかなか発信の手段を持たないと思います。けれどもかつてそういうレッテルを貼られていたけれども治ってしまった人がいるんですね。それはまさに、栗本さんや神田橋條治先生、そして愛甲修子さん（臨床心理士・言語聴覚士『脳みそラクラクセラピー』『愛着障害は治りますか？』著者）が提唱する「言葉以前のアプローチ」を実践して治ってしまったのですけれども。

「みるさん」という方で、現在東北地方にお住まいです。

許可を得て、ブログを二本掲載させていただきます。

★ みるさんのブログ ① ★

強度行動障害

私はよく、強度行動障害や自傷、他害、パニック、こだわり行動が激しく毎日のようにやられている方のブログを読んでいる

…といっても強度行動障害の当事者でブログをやられている方は知ってる限りなさそうなので、ほぼ親の方や発達障害のごきょうだいがおられる定型発達の方のブログですけど(･▽･;)本当に皆さん大変そう。

やはり小学生で、精神科の閉鎖病棟を入院したりとか。

注射されたり、拘束されたりとかも。

施設入所薦められたりとかね。しかも入所先でもけっこー断られたりとかしてるらしい。

あんまり暴れるから１日で退所→「よそを探しなさい」とかね（*ﾟωﾟ*）本当につらいし大変そうです（ｰ̀ ^ ｰ́）。o。

で、なんで私が強度行動障害に興味を持っているかという話。


それは私自身が、強度行動障害だったからだ。

実際に、発達障害を専門とする相談機関では、全国各地の有名支援者とも一緒に仕事をしたりオブザーバーに持つ権威が担当とも言われているが、この権威は今は支援者の支援がメインで当事者・家族への対応は、触法当事者か強度行動障害を持つ人しか受け持っていないそう。

私は犯罪で警察のお世話になったことはないため、強度行動障害と重い自閉症が確実にあるということが（一生治らないと断言する）専門家の視点から見るとあるということだろう。

ジショー、他害、極度のこだわり行動、脱走、その他危険な行動、物壊し、暴れるが毎日続きそれはそれはもう典型的な強度行動障害だった。

加えて自分の意思を誰かに言えない障害。
「自分の意思を言えない」というのは、心を閉ざしているからではない。
上手く表現できないのだが、、、脳の発達的に言えなかった、のだ。
確かに言葉を発する事はできる。
ことばの意味も理解できる。
だけど、自分の意思をアウトプットする機能そのものに問題があったのだ。
だからいやなことをいやといえない。
いやなら暴れるとか、怒鳴りつけるか、ものを壊すか、脱走するしかなかった。

もう毎日が現在のシリアのようなめちゃくちゃな状態で生きていた。
だけど、一番大変なのは周りの人達だ。
親とか、
きょうだいとか、
そして支援者や専門家と言われる人達。
あと学校の人達。

強度行動障害があるともちろん本人も大変。

だけど、被害に巻き込まれる周りの人達が１番大変だと思う。


よく障害があると１番大変なのは『本人』という風潮があるが、少なくとも行動障害等周りを巻き込む系の特性は１番大変なのは本人ではなく『本人の周りにいる人達』だ。

そこを間違えるから施設でもスタッフに対する虐待のような対応になると思っている。
(利用者さんのスタッフへの他害で心身共にボロボロなのにも関わらず上の人からは
「あなたの対応が悪い」
と責められる。)

そして重い行動障害がなければもっと医療や福祉を使わずに生活ができていただろう。

そもそも囲い込み自体、今のような強烈なものではなかったと思う。

今の私は重い行動障害の余波からいまだに制限の多い生活を余儀なくされている。


けど残念ながらこれは仕方がないと思う。

強度行動障害の行動はぶっちゃけた話、法に触れる→つまり最悪警察に逮捕され、そのまま有期刑も十分ありえるからだ。

犯罪のリスクが高い人を就労させるなんて、支援につながらせないなんてとんでもない！と思うのは当然の話である。

これまで発達障害や精神疾患が治り、お子さんであれば支援級から通常級に、発語がない子が二語文、文章をしゃべれるようになったり、成人の方であれば福祉就労や引きこもりからバイトや企業で働いている方とたくさんお会いしてきた。

行動障害もいろいろ軽め重めがあるが、私ほどの典型的な強度行動障害で治った人は今の所知らない。
私のようなケースをきわめてまれなケースと周りは言うけど、、どうだろう。。。
そんなことはないと思いたい。
行動障害レベルになると周りの親・きょうだいも毎日行動障害を起こさせないだけで精一杯の生活になる。そもそも治し方をみんな知らない、というのもあるが。

強度行動障害の人の支援について、今回花風社さんから出版されることに大きな希望を持っている。
元行動障害の当事者として。

(中略)

もし地元の支援者で治せる方がいれば両手をあげて、
「会いたい」
と喜んで行くのだけどなー(笑)
あ〜私は治ったから、本当に会ってやっている内容についてお茶しながら聞く程度になりそうだけど。

地元でもそういう人いないのかなー。

まぁ仮にいなくても、治すのは当事者やお子さんがいる親御さんであって、支援者ではないのだから、またプールで水遊びをしましょうかねー。

★ みるさんのブログ ② ★

爆発のメカニズム

とある強度行動障害を伴う元気いっぱいなわんぱく自閉キッズのかわいいお子がおられる、お母さまのブログで、
「うちの子のパニックの原因は行動分析によると、代役があらかじめ本人の中で決まっていて思い通りに行かないとボカンする」
と分析され、
おいおいおいおい、本当なのか _:(;'Θ';;」∠):_
と思ってしまった。

確かに周りの人が見ればそうかもしれないけど、、私の中では違うんですよねー (^-^; その解釈自体大きな間違えだし、なにより本人抜きで熱心に親や専門家と言われる人だけで (あるいは親も抜きで専門家だけで)、会議をすると絶対間違える→結果治りませ〜〜ん (´△｀)↓
本当、行動分析って使えないわ〜💧

行動だけ見てもうまくいかないのは全国のつわ者たちが集う所で働き、今も屈託のないでこぼこキッズ and 当事者たちの発達援助に関わる、てらっこ塾の大久保さんのブログでも仰られていた。

だからね、今から、私が行動障害が起きる時の現象をお知らせします。

※※あくまで「私の場合」ですので、必ずしも全てのお子さんに当てはまるわけではありません。なので参考にしすぎて、
「おいっ、ぜんぜん違ったじゃねーか「(#Φ益Φo)∩」
と言われても私は責任取れません ᵚ(´θ｀llll)

私の場合、パニックが起きる時は、

自分の意思表示をしようと思ったけど、意思表示を失敗した時に起きる、誤作動である。

でした。

なので発語が少ない、または、ほとんど発語がない人達は意思表示がうまくできないと泣いたり、騒いだり、固まったりする人をよく見かけるけど、なんとなく気持ちが分かるんですよね
(´•̥ω•̥`)
自分の意思をうまく伝えられなくて本当に辛いんだろうな‥
(｡•́ω•̀｡)

あるいは正当な自己防衛反応として起きることもありましたね。

おめー、なんでこんなこと言うんだよ！バカヤロー
(* ｀Д´)ノ!!!

と。うまく吐き出せないからボッカーーーンと噴火する
/(.-.)\︵╰(«〇»益«〇»)╯︵/(.□ . /) そして、、THE ☆問題行動認定。

つまり周囲から見たら問題行動にしか見えないけど私の中では正当な意思表示なんですよね。

でも、
「爆発」
だと誰も気持ちを分かってくれないから周りの人はどんどん離れていく。

時には家族ですらも見放す。

誰も自分の気持ちをわかってくれないし、熱心に行動分析だけして誰も本人の気持ちに目も向けないもんだからどんどんエスカレートしていく。

パニック時は無視するか、注射して身体拘束とかが一般的かもしれないけどはっきり言ってそれやってるうちは全然。

むしろ、無視されたことで、
「あぁ、誰も私の事わかってくれないんだなぁ」
と。

やっとの事、自分を理解してくれそうな大人(専門家)と出会えたけどやっぱり理解してくれず、寧ろ、厄介な症例として、日に日に人間扱いされなくなる。

赤ちゃん扱いや動物扱いですらいい方。

動物以下、つまりモノ扱いという時ですらあった。

支援学校時代。行動障害のスペシャリストが集う学校だったが、

「あんたよりも教室の物品の方が大事なんだよ！！！！」

「校長があなたが担当してと言われたから仕方なく受け持ったけどあんたがいるクラスなんて担当すらしたくなかったよ！！よかった、もういなくなってくれるから」

なんて言葉は日常茶飯事な時期もあった。

それが原因で精神を病んでしまい、精神疾患を発症した。
薬すら減薬を許されなかった。
先生達は、薬で「安定している」と思っていたし、多剤であればあるほどどんどんよくなる、が当地の考え。

入学当時は弱い薬だったが、次第に統合失調症の急性期（一番ひどい症状で要入院レベル）の患者がのむ薬、
そして海外では使用どころか持込みまで禁止の強力睡眠安定剤。
数々の頓服薬と変わっていった。

次第に生活にまで支障が出るようになったのに、薬を増やすことはあれど減らすことすら許されなかった。

これが行動障害に対する、今の支援だ。

こんな支援誰が受けたいか。

馬鹿野郎。

なので、行動障害は絶対治さなければいけないものです。本人の意思表示だからといってありのままにするのはいけない。

そして治すのは年齢が若ければ、若い方がいいです。本当。できれば周りの子ども達もまだまだやんちゃで元気な小学生のうちに。

どんなに治したくない人であっても行動障害、パニック、自傷、他害、物壊し、爆発だけは治した方がいいです。マジで。本人のまたは周りの人の命に関わるし、警察のお世話になる可能性があるし、何より本人も家族も人生の選択肢が限られたものになる。

治らないというのは ＝ 誰も幸せにならない
のですよね

私は大人になってから治ったが、今のままだと、親亡き後は後見人制度と生活保護を利用しながら、精神科病棟で暮らすしか選択肢がありません(´:ω:`)職安や就業支援センターすら相談に乗ってもらえない上、仮にその二つを通さないで仕事についたとしても、田舎なので勤務先をすぐ特定され、会社の人に「従業員の○○さんは重度の精神障害がありますよ」とバラされすぐクビになるのは目に見えてます。後見人＋生活保護＋障害年金をつかうため障害のことはおそらく住を提供する人達にはもちろん開示されることになるだろう。従って自立支援寮、グループホーム、1人暮らしはもちろん無理として、入所施設すら受け入れ先がないかもしれない‥でもそれまでは精一杯後悔しない人生を送ってやるぜ！！！

浅見　こういうご本人の声を聞いてわかることは、自傷であれ他害であれパニックであれ、いったん支援側にそれでくくられてしまうと、生涯の自由な生活をリスクにさらすということです。

　ブログを読んでもわかりますが、みるさんはエネルギーのある方です。だからこそつらい状態ではエネルギーが自傷・他害・パニックに注力されたのかもしれない。でもそのエネルギーは本来人としての宝物のはず。正しい方向に使えれば、生きやすさをつかむ源となるはず。実際、今は障害特性のほとんどが「治った」という状態になり、エネルギーを武器に鋭意努力されているわけです。ところがその努力に制限をかけてくるのがよりによって支援者たちなので私は腹が立つわけです。

　なぜなら支援者たちは、感覚過敏や睡眠障害、季節や気候に翻弄されること、そして自傷・他害・パニックといった発達障害の一次障害が一生治らないという考えを崩さないからです。私たちは多くの人が治っていくのを目撃してきたのだけれど。

　でも実際にはみるさんのように治る方もいて、とくに近年増えていて、その人たちを金銭的な手当と引き換えに従来型の福祉で囲い込むことはかえって人権侵害状況を呼んでいるのです。はっきり言ってここまで来ると、必要な支援は自立までの生活保障だけだったりすると思います。

　けれども生まれつきだから治らない、と信じ込んでいる従来型の福祉につかまると、行動障害の既往は一生消えなくて、何かと自由を制限されるのですね。

廣木さんがインタビューでおっしゃっていましたよね。「治らないと刑務所みたいなところに行くことになる」と。そしてかつて行動障害があっただけで、支援者は刑務所みたいなところに囲い込みたがるようです。人権侵害しているという自覚もないままに。

みるさんは鹿児島の神田橋先生のところまで電車と飛行機を乗り継いで単身で行かれます。関東にもリーズナブルな切符などを手配し使いこなし、単身で出かけていらっしゃいます。ところが地元では福祉施設のプールを単身で使わせてもらえないそうです。それはかつて、強度行動障害と診断され支援者たちだけがその診断にしがみついているから。

馬鹿らしいと思いませんか？　みるさんは今ではきちんと自分の行動を律することができる大人だから、日本中のプールを一人で使ってなんの問題も起こしていない。そして水遊びして、それがまたいい身体アプローチになって、芋づる式によくなっていくわけです。「そんな支援誰が受けたいか馬鹿野郎」という気持ちを持って当たり前です。だって自分にとっていいことを制限されるんですから。自分が自分のためにやっている養生を支援の名の下に制限されるんですから。

かつては知的にも境界域だと判定された時期もあったようですが、これだけ明瞭に文章を書ける方が支援校に送られたのは行動障害があったからです。行動障害はそれだけ周囲を引かせるのだと思います。そして支援校卒ですから、将来の自立のためにまずお勉強を頑張っています。支援校に送られてしまったために、就労しても自立するまでには支援の力を必要とする一方で支援が引き換えのように制限をかけてくる。

こんな事態はあってはいけないと思うのです。だから栗本さんには出し惜しみせずに、とにかく「自傷・他害・パニックを起こさない身体」への提言をお願いしたいです。

自傷・他害・パニックがあることは、自由のない生活を余儀なくされることにつながる。

筋肉登場　筋肉の状態と自傷・他害・パニック予防

栗本　出し惜しみをしているわけではないですが、この本で初めて出したい情報があります。

浅見　新しい情報ですね。それは何ですか？

栗本　本を出すようになってから多くの発達凸凹の人と接する機会があり、それで気がついたのですが、発達凸凹の人には筋肉の付き方や力の出し方にも特徴があります。それが、自傷・他害・パニックと関係があるかもしれません。

浅見　どういうことですか？

栗本 先ほどこういう姿勢の人が多いと言いましたが、発達凸凹の人は遅筋があまり育っていなくて速筋が優位なのではないかな、と考えることがあるのです。

浅見 筋肉には速筋というのと遅筋というのがあるのですね。

栗本 そうです。「速筋」は、すばやく収縮する事ができる筋肉で、一瞬の力（短時間で大きな力）を発揮するときに使われます。そして疲れやすい筋肉です。

「遅筋」は、ゆっくり収縮する筋肉で、強い力を発揮することが出来ませんが、一定の力を長時間発揮する力があり疲れにくい筋肉です。

力の発揮としては弱いけれども、身体を支えるなど生命活動の縁の下の力持ちが遅筋。力の発揮としては強いけれどもすぐに疲れてしまうのが速筋です。

浅見 そして栗本さんの観察したところ、自閉圏など発達凸凹の人たちはいわば速筋優位なのですね？

栗本 そうです。

浅見 だとしたら彼らの疲れやすさも説明がつきますね。

栗本　速筋を優位に使っていたら疲れやすいと思います。それと、微調整が苦手だと思います。だからバン、と反射のように手が出てしまうし、走るのもばーっと走るでしょう。

浅見　ああ、あれも速筋優位だから起きることなんですね。

栗本　そうです。そして発散の仕方が激しい。行為としては激しい自傷・他害・パニックになりますね。

浅見　そうかあ。遅筋が育っていないとゆるゆるとは発散できないから。

栗本　そうです。

発達障害の人は、「速筋優位」なのではないか？ それが「激しい発散」につながっているのではないか？

浅見　遅筋が育っていないと、身体の微調整が効かない。だから発散の仕方が激しくなる。それが自傷・他害・パニックになる。とてもわかりやすいですね。そして単純に、遅筋を育てたら発達凸凹の人の身体はもっと便利になるのではないでしょうか？

栗本　その通りです。そのためには、ゆっくりした動きを練習すればいいと思います。

浅見　自分の身体を動かしたり止めたりコントロールするといえば、私たちが小さいころさかんにやった「だるまさんがころんだ」とかいい遊びだったなあと思います。実際に今、療育に取り入れられたりしているようですが。

栗本　そういう遊びでもいいのですが、重度だったり知的障害があったりする人だとルールの理解が難しいです。だから単純に、ゆっくりと横に転がってみることでもいいのですよ。

浅見　ああ、さくさく回るのではなく、じわ〜っと回るのですね。

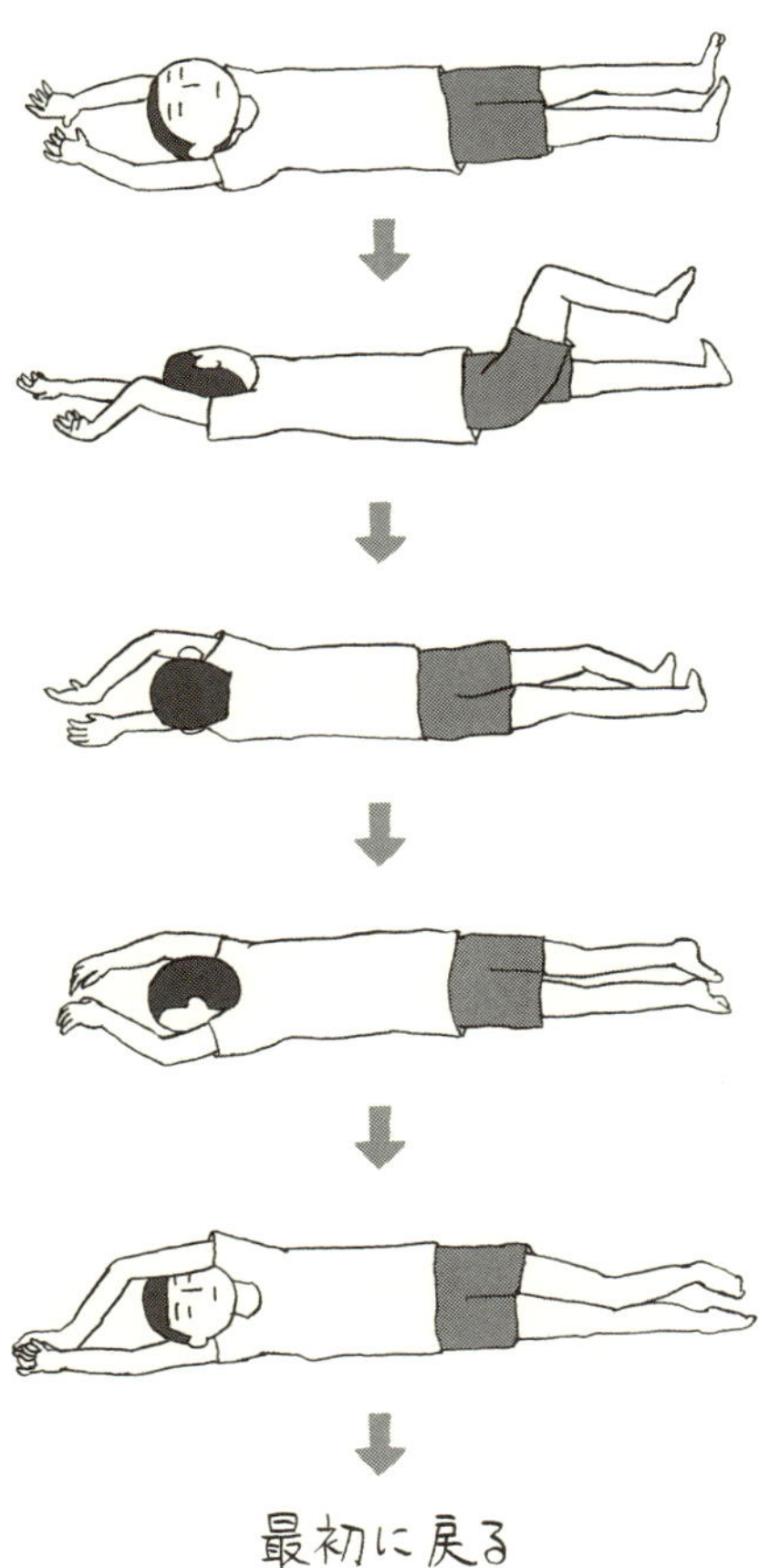

栗本　ゆっくり転がると目も回るでしょう。つまり、前庭覚がしっかり入るということですね。遅筋を育てるには、ゆっくり、じわじわのボディワークがオススメです。ゆっくりだと自分の身体を感じますから。

浅見　ゆっくりな動きがいいのは微調整が覚えられるからですか？

栗本　それもありますが、ゆっくりな動きは遅筋を育てるからです。

遅筋を育てるには、とにかくゆっくり、自分の体重を感じる動きが必要です。

そして運動の発達がどの段階にいるかで、適切な運動が違ってきます。それには『人間脳の根っこを育てる――進化の過程をたどる発達の近道』のこの図を参照して、遡ってやるといいと思います。

具体的に言うと、片足立ちができない段階にある人は、立つ前にある進化と発達の動きをたどればいいですね。

浅見　詳しくは『人間脳の根っこを育

胎児から赤ちゃんの運動発達

二足歩行
つかまり立ち
お座り・はいはい
ずりばい
寝返り
首座り
出生
ローリング

↑重力↓

＊『人間脳の根っこを育てる』栗本啓司＝著より

てる――進化の過程をたどる発達の近道』を読んでいただくとして、人間が生まれてから立位に至るまでの動きをやりきってみるといいということですね。

- 寝返りを打つ
- 転がる
- はいはいする

といった発達の段階をたどり直せばいいということですね。そうやって立位への準備をする。

そして片足立ちができるということが、きちんと立位ができるということなんですよね。

栗本 そうです。片足立ちができないで立っているということは、立位の動きにまだ無理があるということです。立っていられる時間は年齢によって違いますが、まずはふらつかないで立てることが重要です。それによって平衡感覚（前庭覚や固有受容覚）の発達がわかります。しかも開眼と閉眼、どちらもできた方がいいです。特に発達凸凹の方の場合、閉眼での片足立ちの発達が著しく遅れているか、未発達の方が多いです。これは視覚が使えないために起こります。前庭覚や固有受容覚の働きや発達の状況に左右されるからです。

そして片足立ちができる段階にいる人は腰割や四股、壁スクワット、片足ランジなどがいいですね。腰割がきつければ壁スクワットなら難易度が低いです。

壁スクワット

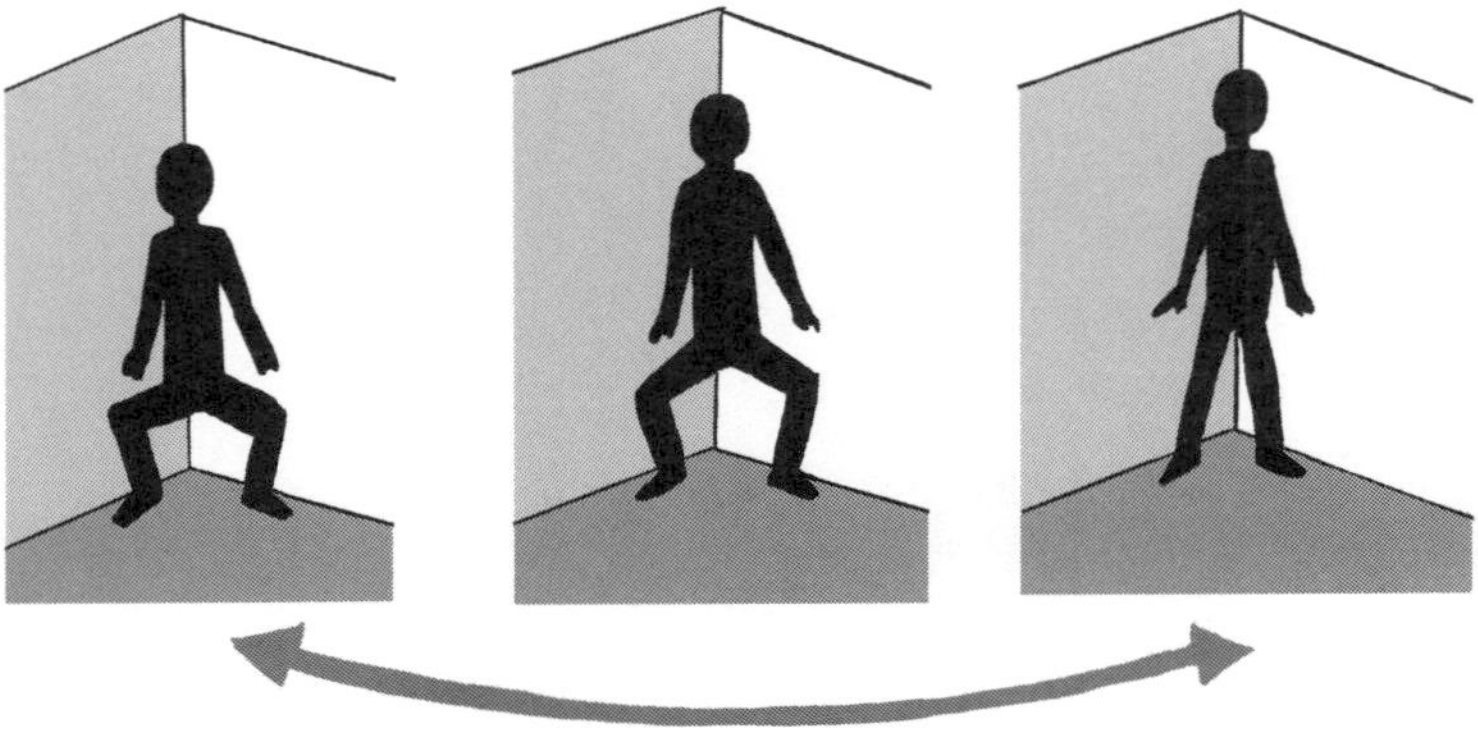

四股

そのときに注意をするのは、自分の体重を感じながら、少しずつゆっくり動くということです。

例えば腰割ならじわーっと十数えながら下まで降りて、また十数えながら戻ってきます。

片足ランジ

椅子に座って片足上げ

片足立ちがきちんとできるということが、立位をきちんとできる身体になっているということ。
それができる段階とそうではない段階では適切な運動が違ってくる。

栗本　遅筋は自分の体重を感じられる刺激で育ちます。

例えば、ハンモックやシーツの上に寝て自分の体重を安全に感じたり、身を委ねる感覚を味わうと、余分な緊張が弛み、遅筋が働くようになります。

遅筋も速筋も鍛えることはできますが、一気に力を入れる動きやプルプル震えるような動きですと速筋が優位に働いてしまいます。その結果、速筋を優位に使うことを覚えてしまい、瞬間的に力を入れる動きや無理な動きをして、すぐに疲れたり、場合によっては怪我をすることも考えられます。

目をつぶって片足立ちができる人は、腰割をしたり、四股でジワ〜っと言いながらゆっくり腰を降ろすような動きを行うと遅筋が育ってきます。

浅見　たとえば壁を腕で押すときも、いきなりばん！　と押すのではなく、壁に掌をつけてじわ〜っと身体を倒し、また十秒かけて壁から戻ってくるような、そういう動きで遅筋は育つのですか？

栗本　そうです。まだ自分の体重をコントロールできず、押したり引いたりできない子はシーツブランコなどから始めてもいいのです。とにかく刺激がきちんと入ってくることが大切です。腕をきちんと使わせるお相撲みたいな遊びでもいいですし、重たい物を持つのでもいいです。それこそ机の端っこを持ってもらっていっせーのせと一緒に移動をしてもいいのです。でも「この子にはできない」となんにもやらせなくなるというのもよくあることですね。これから次の章で護道介助法を習いますが、いざ自傷・他害・パニックが起きたときのために「ケガせず、ケガさせず」の対処をするのはたしかに必要です。でも廣木先生も言われているように「使わないために覚えておく」という心構えもとても大事です。

身体の状況と発達を見てその人に合った刺激を与えてあげるのことの重要性をわかっておいていただきたいなと思います。

発達凸凹の人には遅筋が育っていない様子が観察できる。
遅筋を育てると微調整ができるようになる。
ゆっくりした動き、自分の体重を感じられる動きが遅筋を育てる。

姿勢の悪さ、疲れやすさと筋肉

栗本　そしてこれは、『人間脳の根っこを育てる――進化の過程をたどる発達の近道』でも指摘したことですが、特別支援学校を含めた支援の場では、まだ立位がきちんとできていない子どもたちに立位の運動を中心とした指導がされていると思います。

あれだと段階を追った運動機能の発達が難しいと思います。

立位は身体の力が偏りやすいんです。ただでさえ身体の力が偏りやすい子たちには、まず寝転がったり座ったり、低い姿勢で運動をさせてあげた方が発達の近道です。

低い姿勢は落ち着くし、いい意味でラクです。そして身体のつながりがわかります。

身体のつながりがわかると、ちゃんと疲れられるし、やりきった感があります。そして身体の色々なところが地面や床と接触すると刺激が入るのがわかり、それで自分の身体の使い方を学んでいきます。たとえば床に転がって痛かったら痛くないように転がる。そういう体験を通して自分の身体の使い方を学んでいくんです。つまり重力とのつきあい方を頭ではなく身体で学んでいくのです。

姿勢を保持するためには前庭覚や固有受容覚で重力をきちんと感じることが重要になってきます。そして姿勢を保持するときに使う抗重力筋（脊柱起立筋やひらめ筋等）には遅筋が

自閉っ子のフシギな身体感覚を理解するキーワード2

前庭覚（ぜんていかく）とは…

体をまっすぐに保つのに必要な感覚です

「前庭覚」が
うまく使えないと
姿勢の自動調整が
難しくなります

＊『もっと笑顔が見たいから』岩永竜一郎＝著より

多く存在していると言われております。

浅見　そして遅筋は姿勢を保つ抗重力筋に多い。だとしたら発達障害の人の姿勢が悪いことが指摘されるのもわかりますし、生まれつきだと諦めなくても、身体アプローチで対応できそうですね。

栗本　その通りです。遅筋が育ちにくいから姿勢が崩れやすいとも言えます。

浅見　あともう一つ発達障害の人は、前庭覚の認識が弱い人が多いということも感覚統合検査等で確かめられています。くるくる回されても目が回らないとか。前庭覚が入らないから遅筋が育ちにくいって有り得るでしょうか。

栗本　ありうると思います。前庭覚が弱いため動きの微調整ができない。そのため強い力を発揮するために大きな動き＝速筋を使ってしまうと遅筋は育ちにくいと思います。

> 前庭覚の入力が弱い。姿勢が悪い。疲れやすい。
> ↓こうした発達凸凹の人に見られる特徴が遅筋の育ちにくさにつながる。

一緒に育てられないか　二人称のアプローチの提言

浅見　ゆっくり動かせる筋肉を育てるがいいのなら、それこそみんなでゆっくり焼き芋転がりとかすればいいのに。

栗本　案外そういう雰囲気がないですね現場には。

浅見　なぜ？　支援者と利用者が一緒にできる身体づくりとかやらない雰囲気なんですか、支援の現場は。

栗本　う〜ん。なんというか、距離感がありますね。わりと「見張っていなきゃいけない」っていう感覚があるのかな？

浅見　そうかあ。たしかに見張っているのは大事ですものね。でも支援する側とされる側にきっぱり距離があって一緒に身体づくりとかができない雰囲気だとしたら、それは残念です。

栗本　しかも現場を離れた大学の研究者とかだと、もっとかけ離れるでしょう。たとえば走り回ることを問題行動だと取ったりする。でも身体の要求がありますからね。心臓が未発達の子なんて走り回りますよ。

浅見　なぜですか？　走り回って発達させているのですか？

栗本　子どもは大人に比べ心臓の発達が未熟です。そのため血液を循環させるために心臓の働きだけでは間に合いません。そこで動き回ることを通して全身に血液を循環させています。

浅見 ああ、未熟な心臓の働きだけでは間に合わないために走り回っているのか。

栗本 そうそう。だから育てば落ち着くんですよ。心臓の働きが未熟な子っているんですよ。そして心臓への負担がかかりすぎると動かなくなる。どうもそういう身体の要求を見ない支援が多いですね。

浅見 そして「この場では有効ではない」と確かめられたあとでも支援者が研修受けてきた方法論ばかり当てはめて「一生治らない」とか言っているんですね。

栗本 覚えてきた方法論のどれがどの子に使えるか、それを使いこなす選択スキルは支援者の身体が整っていないと難しいです。そういう意味でも支援者の身体を弛めるのが一番大事なんです。ときおり間合いがとれない支援者を見かけますが、身体が整っていないと適切な間合いはとれません。適切な間合いがとれないため、かえってパニックを誘発している光景を見かけることもあります。

浅見 間合いとは？

栗本 しゃべるときにこれくらいの距離だから「いや」だと思われるとか、そういうのを自然にわからない人もいますね。（ぐっと近づいて）たとえばこういう距離だと「いや」だっていうのはわかるでしょ？

浅見 あ、いやだ。

栗本 （距離を取り、話しかける角度を変えて）浅見さんはこっちから話した方が話しやすいでしょ。

浅見　本当だ。

栗本　一人一人に接しやすい距離や角度があるんです。でもそれに気がつかない人がいますね。逆に自然にいい立ち位置をとれる人もいる。そういうところにカンがいい人と悪い人がいて、身体が整っていると無意識のうちに適切な位置に立てるんですよ。それができない支援者を見ていると、支援者自身の身体の居心地が悪いだろうなあと思います。だから支援者の身体育てが僕は大事だと思うんです。

浅見　でも支援者って激務の人も多いし、疲れるんじゃないかしら。

それでも栗本さんの提唱する運動は、軽運動ばかりですけどね。しかもたとえば腰割がきつい人がいたら三角スクワットを提唱してくれたり、片足あげを提唱してくれたり、その人の現在の状況に応じた運動をどんどん出してくれるのでありがたいです。

でもまあ、さきほどみるさんのブログをご紹介しましたが、「こんな支援誰が受けたいか馬鹿野郎」と言える人はいいかもしれないけど、言葉がなくて、あるいは表現方法の選び方のところにバグがあって、支援の場でのそういった「見張られている感じ」というか、そういうことに対しパニックを起こすというのは大いにありえることだと思います。

繰り返しますが本人の身体状況は一番の環境だし、支援者等周囲の身体状況も環境ですものね。

栗本　支援の場の雰囲気が他害を生み出すというのはありえるだろうと思います。たとえば子どもが指示した場所に行かない場合の誘導の仕方一つとってみても、もう少し支援者に身体の知識があったらいいのになと思うことがあります。

僕自身、長年障害児・者にかかわっていると殴られたこともあれば、利用者が職員に暴力を振るっているのを見たこともあります。それに対し、なんの手も打たないのを見て、疑問に思ってきたこともあるし、上の人に言ったこともあります。でも結局、皆何をしていいかわからないからそのままなんですよね。

浅見　そうなんでしょうね。そしてその「そのまま」を正当化するために「受容」とか後付け理論を展開する。でも誰も傷つかないのが理想だと思います。その理想を少しでも現実にするために、栗本さんのお知恵をお借りしました。

栗本　そして今度は廣木道心先生の「護道介助法」をみんなで習いましょう。楽しみです。

第三章

誰も傷つけず、誰も傷つかない身体の使い方を覚える

護道介助法〈実践編〉

使わないための護道

浅見　さて、実践編です。みんなでお稽古です。廣木先生、よろしくお願いいたします。

一同　よろしくお願いいたします。

廣木　よろしくお願いいたします。

　これから皆さんに護道介助法をお伝えするわけですが、インタビューのところで申し上げたとおり、護道は「技術を身につけ、使わない」のが理想です。パニックがなくなれば、使わなくて済むのですから。

栗本　いいですね。

廣木　護道の最終形態は、息子が描いたこの表紙絵のように背中から抱え込む「抱きかかえ」という方法なのですが、パニックを起こして、自分の顔が変形するくらいに自分で殴っていた方に「抱きかかえ」をやったら治まったことがありました。

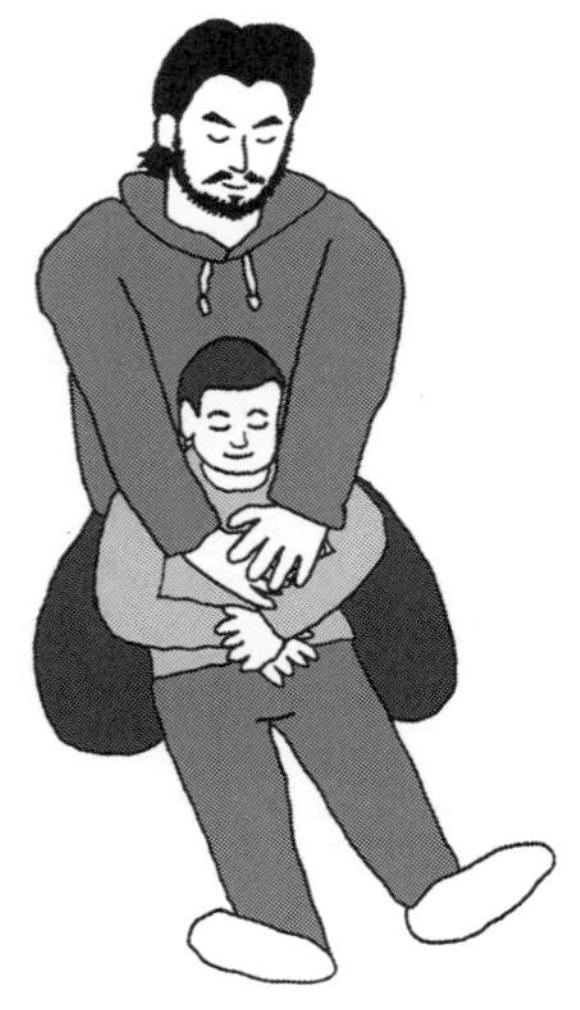

そして、パニックが治まったときや落ち着いているときに、栗本先生のコンディショニングとか、そういうことでパニックをなくしていければいいと考えています。
そもそも、日ごろから身体の緊張と弛緩がうまくいく身体になれば、パニックを起こさないで済む。そうしたら私は用なしです。自分が用なしになる状態を目指してやっています。

栗本 いいですね。

> 護道は使わないために覚える引き分けの武道である。

背中から抱きかかえるのが最終形態

浅見 背中から抱きかかえてあげると落ち着く方が多いんでしょうか？

廣木 その通りです。

浅見 とても納得できます。なぜなら花風社では「恐怖麻痺反射」の統合（『人間脳を育てる―動きの発達&原始反射の成長』灰谷孝＝著）とか「胎児性の愛着障害」（『愛着障害は治りますか？――自分らしさの発達を促す』愛甲修子＝著　元々は神田橋條治医師の『治療のための精神分析ノート』より引用）の治療という視点とか、そしてもちろん栗本さんが一連の著作で提唱している金魚体操とかで、とにかく「どうやら背骨を弛めると無駄な不安や恐怖が消えていく」という皆さんの姿を目撃しているからです。だから廣木さんが護道の技を使って、暴れている人を背中から抱きかかえてあげると落ち着く、というのはわかります。

それが今一つ実感ができない人がいたら、そしてまだお子さんとスキンシップが取れる年齢だったら、別に暴れていない状態でもお子さんを抱きかかえてあげると実感できるかもしれません。

栗本　僕も廣木先生の後ろからの抱きかかえを見て、体勢は違いますが、金魚体操をやっているような感じを受けました。

廣木　なぜ抱きかかえると落ち着くか、どう抱えれば落ち着くかは稽古のなかで説明していきましょう。

護道介助法のゴールは、暴れている人を後ろから抱きかかえて不安を取り除くこと。

逃げるが勝ちの場面もある

栗本　でも、最初に言っておきたいことがあります。技を覚えるのも大事だけど、逃げた方がいい場面も多いということです。というのは、僕も利用者さんから鼻血を出すほど殴られた経験はあるんですけど、下手に応対するよりは逃げた方がいい場面もある。

浅見　たしかに。

栗本　本当に殴ってくるときは、言い方が悪いかもしれませんが野生動物のように強い。反射で殴ってくる感じです。

浅見　こっちは理性で対応しても、反射には勝てないですね。

廣木　そう、だから、闘わないでいい状態を作るのはとても大事なんです。

私は色々関わって来た方々を敬意を込めて、超人や達人と呼ばせていただいているんですが、例えば今日何か一つ技を使って上手くいったとしても、超人強度が上がって行くんですよ。腕噛むのをうまく技で避けられるようになったとしても、それを繰り返していたら、今度はすねを噛んでくるとか。そこの対応だけを追い掛けるとイタチごっこになるのでダメなんですよ。私はそれをやりたいわけじゃないんです。

浅見

●ケガせず、ケガさせずは大原則
●虐待的な対応はもってのほか
●でも超人強度を上げるような対応ではいけない

それには「覚えておいてなるべく使わない」介助法がいいわけですね。

榎本 それと、危険物になりそうなものを手の届く範囲に置かないことも大事です。

浅見 どうもそのあたりの警戒心が特別支援教育の世界で薄いのではないかということは榎本さんが『元刑事が見た発達障害――真剣に共存を考える』のなかで指摘されていましたね。

榎本 はい。

護道介助法を覚えるのも大事だが
●パニック時に他害につながる物を周囲に置かない等の環境設定
●いざ支援側が暴力を受けそうになったときに逃げるという選択
●超人強度を上げないような対応を心がけること

も大事である。

浅見 でも逃げるのも身体機能ですよね。人によっては上手じゃなさそうです。ていうか、なのになぜ栗本さんのような身体機能が優れていそうな人が殴られたのでしょう?

栗本 間合いを間違えたと思います。体操指導の時間はスケジュールが決まっていて、親御さんもその時間帯に一生懸命合わせて連れてきてくださるわけです。でもそれがご本人のタイミングではなかったのでしょうね。それでぼかっとやられました。

浅見 なるほど。スケジュールは決まっているし、親御さんも期待して連れてきているのだから、栗本さんとしても引けなかったでしょうしね。

栗本 見ていると施設職員も、介助のタイミング・間合いを間違えると殴られたりしています。間合いを読むのは大事ですが、できていない人が多いように感じます。そしてそれが他害を誘発していると思います。そして間合いを覚えるのには武道がうってつけですね。

浅見 栗本さんや榎本さんは武道に接してこられたのでそのあたり詳しいのでしょうが、私は武道未経験なので間合いを読むお稽古はしたことがありません。でも相撲を見るのが好きなので、第三者としては「間合い」の大事さについてはわかります。

支援側が「間合いを読まないこと」が他害を誘発している面がある。
間合いを覚えるには武道はいい。

支援者の身体の使い方が他害を誘発することもある

栗本　支援者の身体の使い方は他害を誘発することがあります。たとえばお子さんの支援の現場では、子どもを別の場所に移動させるときに無理につかまえたり引っ張ったりするのもよく見かけますね。まだ小学校の低学年とかだと腕力の違いもあり支援者の思い通りになりますが、他害を助長する原因になるだろうと思います。

通常の握り方ですと親指に力が入り、それが子どもの緊張を作り出し、膠着状態になります。そして双方すごく疲れます。こうならないためには小指から腕を包み込むようにとりにいくといいんです。

浅見　支援者が小指→薬指→中指→人差し指→親指の順で腕を包み込むようにとりにいけばいいんですか？

栗本　そうです。そうすると指だけではなく手の全体を使うので痛みませんし、スムーズに誘導できることが多いんです。これは金魚体操をするときにも役立ちます。

浅見　そうかあ。親指でぎゅっとつかまれて無理やり移動させられたらそりゃあいやですよね。

支援者の誘導の際の身体の使い方も、自傷・他害・パニックが予防できるかどうかに影響を与える。

途中で治まる人も多い

浅見　廣木先生に質問です。先ほど暴れている人を後ろから抱え込んで安心させるのが最終ゴールだと伺いましたが、そこまでいく必要のない人もいますか？　つまり、抱え込む以前に落ち着く人も。

廣木　たくさんいます。「護道構え」という独自の構え方があるのですが、その構えだけで、気がそれる子どももいます。また護道では攻撃されないようにフワッと手に触れるのですが、その段階で落ち着く子どももいます。立ったまま横からのハグで落ち着く子どももいたりします。また背後からの抱きかかえは、背中の感覚を養う上でも良いようです。

親が子どもをしっかりとハグしてあげれば身体だけでなく、オキシトシンも分泌されて精神も安定するので、変に薬を増やしたり、難しいことをしなくてもよい気がします。

栗本　自分の身体が整えば相手も整うと思います。それがお互いにできるのは医療ではない分野です。

浅見　私は、発達援助を福祉や医療から離れた場所で行う方が本人の自由な人生が担保できると常日頃から考えていますので、医療ではない分野でできることがあるのは大歓迎です。

でも現場の皆さんのお話を聞けば聞くほど、まずは支援者の身体を整えた方がよさそうですね。

廣木・栗本・榎本　そのとおりです。

浅見　ではお稽古を始めてください。

> 最終目的の体勢は「後ろから抱きかかえる」ことだが、その手前で自傷・他害・パニックが治まる場合も多い。

護道介助法　原則は簡単

廣木　護道介助法ですが、原則は簡単なんです。

もちろんその子その子によって違うところもありますが、大原則としては

- 構えましょう
- ずれましょう

●相手の力のベクトルを変えましょう
●後ろに回って安心させましょう

です。

要するに

●パニックを起こしている人を安心させる
●支援する側の被弾率を減らす

のが目的です。私もヘルパーをやってみて、個人個人が勝手に自分の身を守れ的な対応をされて、これはいけないと思いました。しかし、現場にはメソッドも何もないのが現状です。

インタビューでも言いましたが、親の立場からしたら、自分の子どもが誰かにケガさせられるのも悲しいけど、自分の子どもが誰かをケガさせるのも悲しいんです。だからお互いに傷つかない方法という意味で、「自他護身」って言っているんです。

浅見　「自他護身」いいですね！　それではまず、土台作りのお稽古からお願いします。

護道介助法の原則は簡単。
それを可能にするためにまずは土台作り。

中心軸を作る

★8の字歩き

廣木　それではまず、準備運動をしましょう。身体に中心軸を作ります。栗本先生、何か中心軸を作るのにいい身体アプローチはありますか？

栗本　8の字歩きはどうでしょう。8の字に歩くのです。簡単な運動ですが、これで身体にぴしっと筋が通ります。講座でよくやってもらうのですが、

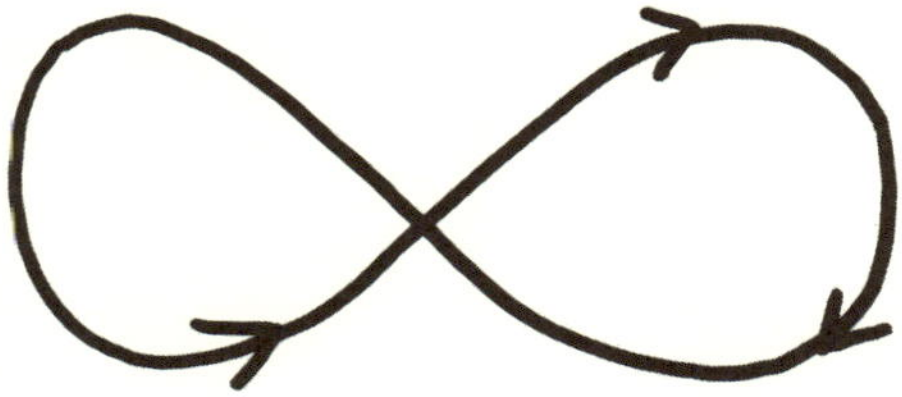

＊『発達障害は治りますか？』神田橋條治ほか＝著より

①まず両足で立つ
②横からパートナーに押してもらう
③８の字に歩く
④もう一度両足で立ったところをパートナーに押してもらう

というプロセスをやってみて、８の字に歩く前と歩いた後の体軸の違いを感じてもらうとわかりやすいと思います。

浅見　あれはやったことありますけどこんな簡単なことで体軸って整うのか～と思いました。では廣木先生からは何か身体に軸を通すのにおすすめのアプローチはありますか？

★壁立ち

廣木　私は壁立ちをおすすめします。

こうやって壁を背にして立ちます。

後頭部の真ん中あたりの髪の毛を誰かに引っ張られているような感じで、かかとを二～三回上げ下げしてから、一分くらい壁にそってじっと立っていると身体が整ってきます。

もっと高度なことをやりたければ、呼吸を意識してもいいですね。全身の毛穴から皮膚呼吸をしているとイメージしながら、ゆっくり呼吸をして整える感じです。

呼吸のイメージが難しい人は、まずは上下に引っ張られるイメージだけをして、それ以外の力は抜いて立っていてください。中国武術には立禅や站椿（たんとう）と呼ばれる難しい稽古法もあるんですけど、それを初心者でも感覚を養えるように、より簡単で効果的にしたものです。
自分勝手に立っていると、垂直に立つ感覚はわかりにくいですが、構造物って基本的にまっすぐですから、壁に沿って立つだけで軸がしっかりするんですよ。

一同　なるほど。

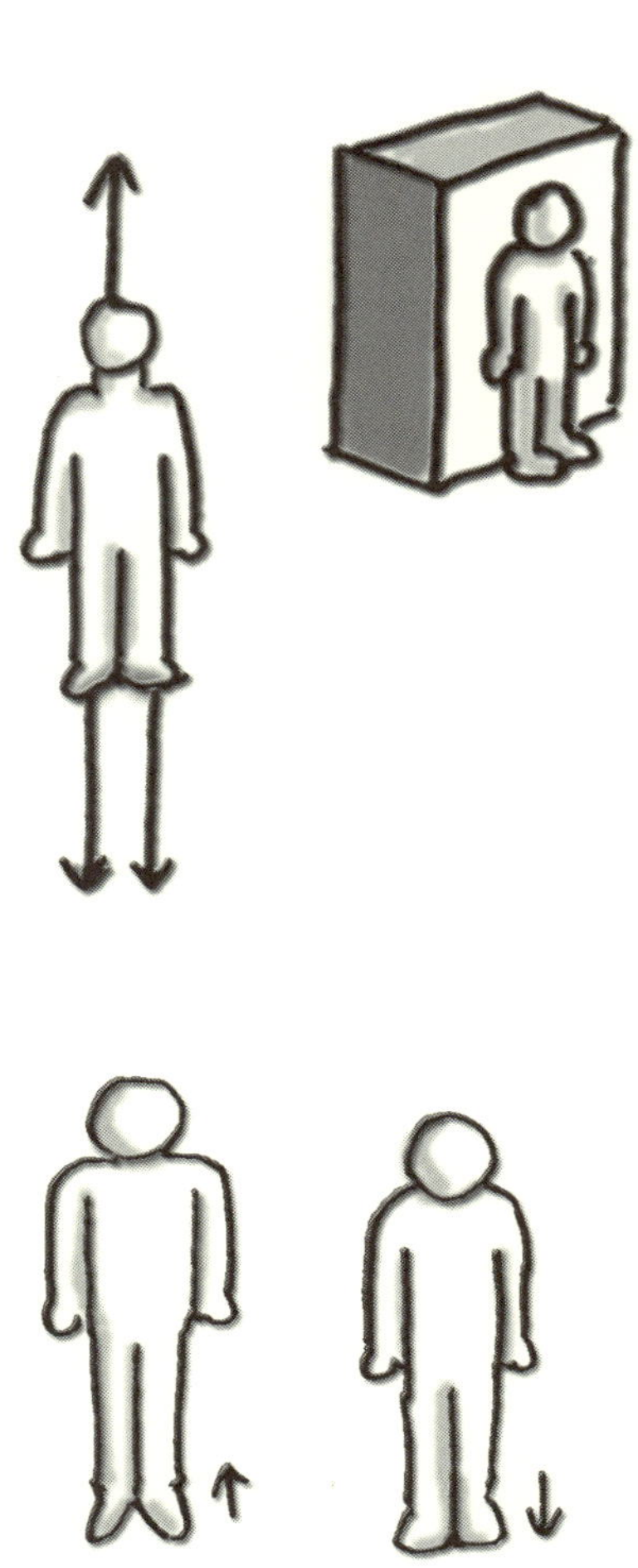

廣木　そして軸がしっかりするとプレッシャーに負けにくい身体になるんです。一日一回やるだけで違いますよ。重心の位置が安定するので気持ちが落ち着きますし。こちらが軸を整えるだけで「お、なんか違う……」とわかる子もいますよ。障害のある子のなかには鋭い子もいますからね。もちろん、鈍い子もいますけど。

浅見　これをやっていくと殴られにくい身体になるということですか？

廣木　軸のある身体になります。そして他害をする人はぱっと見て対象を選びますね。小さく身体を丸めている状態と、大きく身体を伸ばしている状態だと、身体を丸めているほうが狙われやすいです。攻撃するときは弱い個体を狙いますよね。軸がまっすぐ立っている人は、実際に身体も強くなっていますから、狙われにくくなる可能性は高くなりますね。

★イメージを使う

そして正しく強い軸を整えるために最初はイメージを使うといいかもしれません。それには、自分がイメージしやすい回路を知っておくことが大事です。たとえば視覚的なイメージが優位な人は、自分の胸の中心からまっすぐ前後に光が出ているとイメージするのもいいかもしれません。そうすると自分の軸を整えて相手と対峙できるんです。

廣木 軸が整うと、自分の身体を動かすだけで相手が飛んでいくこともあります。後ろからバーンと組みつかれたりしたらかわせないのでは？ という疑問をよく呈されるのですが、軸ができていれば後ろからやられても大丈夫です。

浅見 軸が整っていれば、前からの攻撃にも後ろからの攻撃にも強いのは当たり前ですね。

- **軸が整っている身体は襲われにくい。そして自分の身体を動かすだけで相手が飛んでいくこともある。**
- **イメージを使うのも有効。**

★自分に向いた「イメージの仕方」を探る

浅見　ただ私は、胸から光、っていうイメージはぴんとこないなぁ。

廣木　どういうイメージで軸が整いやすくなるかは人によって違いがあるのです。またイメージがいらない人もいます。無意識にできている人などもいますから。でも教えていると無意識にはできない人にも伝える必要が出てきます。

そのときには、その人が

- 実際に身体を動かしてみて体感的に伝えたほうがイメージしやすい人なのか？
- 具体的なビジュアルなど視覚的に伝えたほうがイメージしやすい人なのか？
- あるいは擬音など聴覚的に伝えたほうがイメージしやすい人なのか？

教える方の立場としては考えますし、普段から自分がどういう回路でわかりやすいかをつかんでおくといいと思います。

ちなみに音として認識する会話だけでなく、本の文字を読むなど言語も聴覚的なイメージに含まれます。

浅見　自分が得意なイメージの仕方はそれこそ無意識に自分で選んでいますね。

私が何か運動を覚えるときには、まず体感。それで追いつかない場合には言語化します。でも運動を教えるのは視覚教材が多いんですよね。本とか動画とか。視覚も使いますが、視覚の使い方は我ながらあんまりうまくないなあという感じですかね。視覚化したものをなんとか身体で模倣してみるか、それができないと言語に置き換えて使う感じかな。

廣木　イメージすることは、ある種のコツをつかむための方法のひとつです。もちろん、人間には五感があり、複合的に使っていますから、最適なイメージには個人差があります。そのなかで自身が最も集中しやすいイメージ方法を探ることになります。指導では、ヒントを与えながら各自にあった感覚を探っていくことになります。

> 自分の身体がどういうイメージで動きを覚えやすいのか知っておくのは大事。体感、視覚、聴覚など回路は様々であり、そのなかでも集中しやすいイメージには個人によって違いがある。

★スワイショウ

廣木　その他に軸を作ると言えば、腕振りをおすすめします。中国武術ではスワイショウと呼ばれています。

浅見　どんなのですか？

栗本　僕の本に出てくるでんでん太鼓ですね。

＊『芋づる式に治そう！』栗本啓司＝著より

廣木　私はこういうイメージで説明しています。このカタカナのキの字を意識してもらうと、身体がつながる人が多いんですよ。そして後ろから抱きかかえたときにもこのキの字を意識して身体を揺らします。

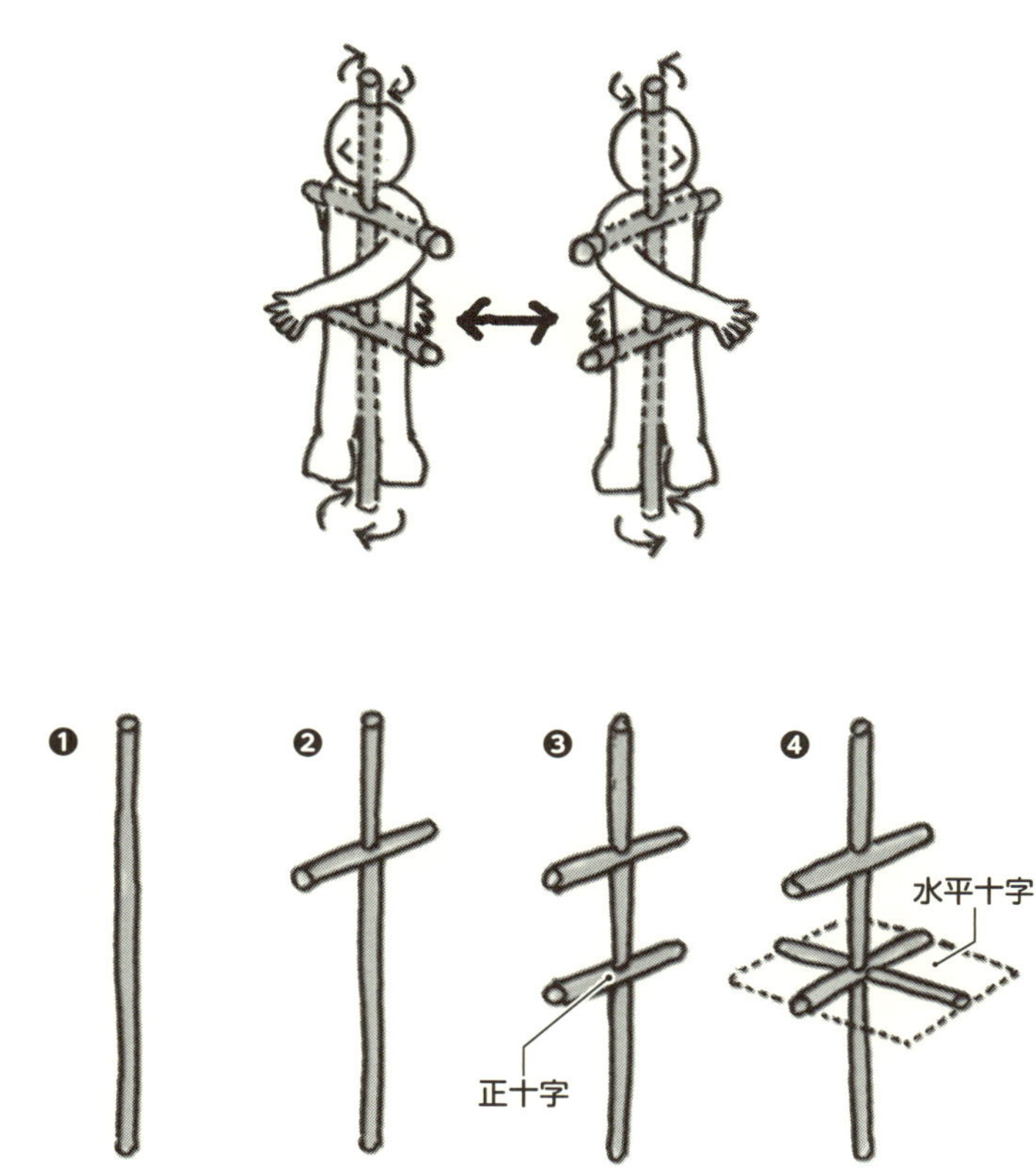

❶ 足を肩幅に開き、中心軸を意識し、腕の力を抜いた状態で身体を左右に回転させて腕を振ります。❷ 慣れてきたら肩の軸や ❸ 腰の軸のイメージを加えます（正十字）。❹ さらに慣れてきたら、腰の前後に軸のイメージ（水平十字）を加えて、腰の位置が地面と水平に回転するように心がけます。

栗本先生の本を読んでわかりましたが、原理は金魚体操と同じですね。金魚体操はパートナーがいないとできないけど一人でもできるものとして栗本先生は一人金魚を提唱されていますね。それでもできないっていう人がいるでしょ。

浅見　いますね！　どうしてできないのか不思議です。

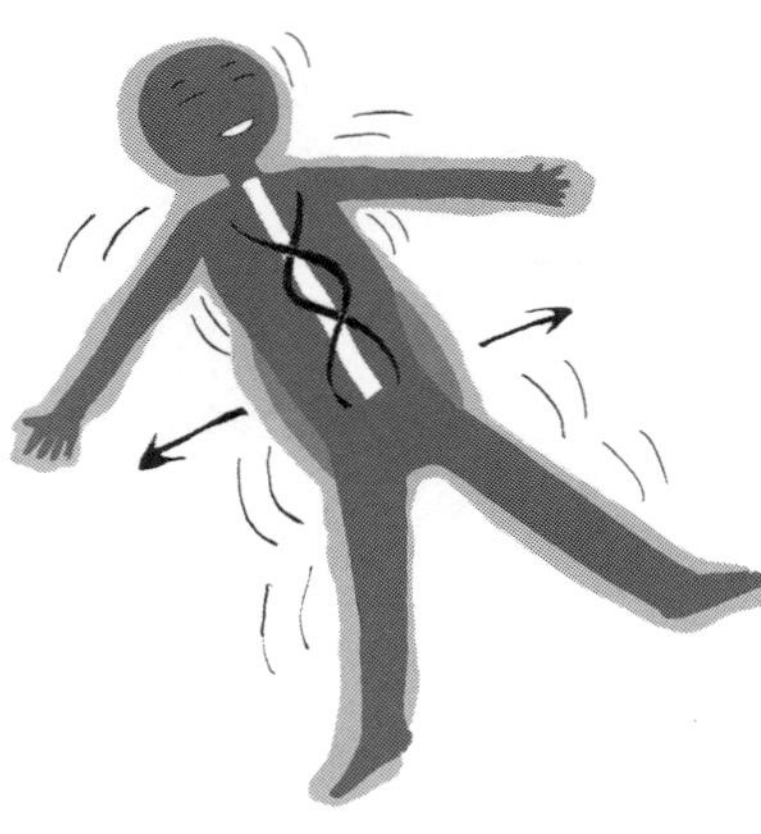

＊『芋づる式に治そう！』栗本啓司＝著より

栗本　できないという人のために講座では腰に毛糸を結んで感覚をつかんでもらったりしています。でもキの字はわかりやすいですね。

廣木　キの字を思い描いてその腰の横棒を手で握って一緒に動かすことで揺れるイメージだ

と一人金魚もやりやすいのではないかと思います。

浅見　なるほど！　スワイショウは弛むためにやるのですか？

廣木　ただ弛めるだけではなく、血流がよくなるので快適な睡眠や健康のためにもなります。そして体幹など身体を鍛えることもできます。

浅見　でんでん太鼓にそんな意味があったのですね。

廣木　８の字歩きも、壁立ちも、スワイショウも、一日一回やるだけで身体の軸が整ってきます。

浅見　おまけにどれもすごく簡単ですね！

> 簡単なアプローチで身体の軸を一日に一回整えていくだけでもずいぶん違ってくる。

伸筋を使う

廣木　では、次に行きましょう。栗本先生、腕を伸ばしてください。そして私が腕を曲げようとしますから、腕が曲がらないように頑張ってください。最初は何も考えず、ただ力んで頑張ってください。

栗本 はい。

廣木 これは勝ち負けとかではなく、説明のための実験なので別に曲がっても曲がらなくてもいいのですが、そのときの腕の疲労度と力の感覚を覚えておいてほしいのです。

先に言ってしまいますが、これは「曲がらない腕」といって、「気を入れると強くなる」という暗示をかけるパフォーマンスで気功や武道などで行います。実際は気をイメージすることで屈筋ではなく伸筋を働かせるから強くなるんですね。

浅見 屈筋というのと伸筋というのがあるのですか?

栗本 そうです。屈筋は曲げる方で、伸筋は伸ばす方。強いんです、伸筋の方が。たとえば力こぶを作るとき、曲げるときに使うのは上腕二頭筋、伸ばすときに使うのは上腕三頭筋。どこでも伸筋と屈筋が対になっているんです。

廣木 今、栗本先生にやってもらったみたいに、頑張るとしんどいし痛いし、屈筋に力が入って力んでしまうので身体を部分的にしか使えません。上腕二頭筋などの筋肉は全部、縮む筋肉なんです。曲げられない腕を作るという課題なのに、腕を縮める筋肉を使ってしまうから、矛盾しているわけです。腕を伸ばす場合には、本当は上腕三頭筋とか背中の伸筋群を活用しないといけない。

しかし、作為が入ると屈筋が反応してしまい、うまくいかない。だから、伸筋群を使うためにイメージが必要になるわけです。この「曲がらない腕」という課題の場合、例えば、

●視覚優位な人
▽「腕が鉄の棒になった」という「鉄の棒」というビジュアルのイメージを使う。

●聴覚優位な人
▽「腕がカチンカチンになった」とか「腕がバーンと伸びている」など「カチンカチン」や「バーン」など音のイメージを使う。

●体感覚優位な人
▽指を伸ばし、掌を思いっきり開いて、その掌の皮膚が張っている感覚に意識を向ける。

あるいは

●伸ばしている腕の先に壁がある場合は、実際にその壁を指先で触れて感触を覚えておき、腕が伸びて壁に指先が触れている感触をイメージするなど皮膚の感覚などに集中したりする。

というイメージを使ってもいいですね。そうしたイメージを使うことで、屈筋による無駄な力みを起こさず、伸筋群を含む全身の筋肉が統合された力を発揮することができるようになります。

そして、このような身体の使い方ができると、お母さんたちでも自傷・他害・パニック対応に活用できることもあります。

浅見　そうなのですか？

廣木　はい。たとえば自分の頭をポカポカ殴る自傷行為を起こしているお子さんの腕を前からつかんで止めようとしても、力負けして殴る行為を止めきれずにいたお母さんに、曲がらない腕のイメージをお教えしました。

①曲がらない腕をお子さんの後ろからすっと頭と腕の間に入れてもらい、そのまま
②つっかえ棒になるように肘に触れておく。
③こうすると可動範囲が限定されて頭を叩きにくくなる。

そうお伝えしたところ、そのお子さんの場合は顔が変形するくらい殴るのを防げたようです。

浅見　なるほど。強い力を発揮するには、さっきの簡単な運動で整えた体軸をしっかりさせ、伸筋を使える身体になるためのイメージを使えばいいのですね。

廣木　そうです。

屈筋ではなく、伸筋を使う。
そのためにはイメージが助けになることもある。

浅見　では私も、伸筋を使う実験をしてみましょう。よし、どっしりと体幹整えました……栗本さん、左からかかってきてください。

（栗本　左からとびかかる。浅見、左腕を振るう。栗本、飛んでいく。）

浅見　あれれ、本当に飛んじゃった。利き腕じゃなかったのに。

廣木　それが伸筋を含む統合した力を使うということです。そこに軸を使った力が加わるので思っている以上の力が相手に作用します。何かイメージを使いましたか？

浅見　まずはイメージ作りとして、「私の身体はしっかりしている」と言い聞かせた感じです。腕にはあんまり力を入れたつもりではなかったですね。そして体軸のどこに力が集まっていたかというと…やはり鳩尾ですね。そして私は言語優位だけど、あまり「曲がらない腕」とは考えなかったです。むしろ「栗本さんをぶっ飛ばしてやる」と考えました。でも力を入れていたのは腕じゃなく体幹。

廣木　やはり、個人によって感覚や最適なイメージは違いますね。ただパフォーマンスとして成功していれば、それがその人にとっての正解なので。

このことを武道では心技体の一致って言います。

心が変われば、つまりイメージが変われば、身体が伸筋を含む統合した身体になって、それが曲がらない腕という技になったというわけです。例えば、心は心理学を学び、技はスキルとして何かの資格をもらい、身体は別のトレーニングで鍛えても、心技体がバラバラなので、日本の武道でいう心技体の一致にはならないのですよ。

そうしたバラバラな状態とは違い、心技体の一致は最初から一致なので、心技体のどこから取り組んでもいいんです。身体が変わったら、心が変わり、技が変わる。で、技を変えたら、身体が変わり、心も変わるんですよ。武道では心身一如ですから、在り方が変わることによって結果が変わるんです。

浅見 それをありきたりの精神論とどのように区別すればいいんでしょうか。

廣木 脳も他の臓器と変わらない身体の一部ですから、心理学のように身体と心を切り離して考えないことです。ありきたりの精神論は身体は置き去りなので言葉でごまかしていることがあります。例えば心理を究めたという心理学者がいても、軽く横から押して転ぶようではどうでしょう?

浅見 たしかに。

廣木 本来、身体を整えたら心も安定しますよね。そうした心身一如を実現するためのアプローチの一つとして感性別のイメージを護道では使っているわけです。

栗本 どの感覚が得意かによって、イメージの仕方が違いますよね。

廣木 イメージの仕方が各個人にとって最適なイメージだとより強い力が発揮できるんです。

浅見 ああ、精神論ではなくイメージですね。同じ言語でも「曲がらない腕」だと私にはぴんとこなくて「私は強い。栗本さんをぶっ飛ばす」だとぴんとくるわけです。

廣木 例えば「曲がらない腕」を行う際に視覚的な人に鉄の棒をイメージしてもらったときに、仮にその人が溶接所で働いていた場合は、視覚が優位な人であったとしても、毎日ドロドロ溶ける鉄を見ているわけですから、硬いイメージは描けないんですよ。

栗本　だから自分が強くなるイメージの仕方は自分で見つけて行くんですね。

廣木　そのヒントとなる原理を伝えることはできても、最適なイメージは各個人にしかわからないので自分で見つけてもらうしかないですね。

浅見　話がちょっとずれてしまうかもしれませんが、私は現行の特別支援教育や発達障害者支援が基本的に嫌いだから、よく「ギョーカイを潰す」って言ってしまうんですね。物騒な言い方だと思われるんですけど、それは支援を増やすことばかりが本人たちの幸せな生活に結びつくわけではないと思っているからです。現に作業所等に通っていない廣木さんのご子息はとてもいい笑顔で暮らしていらっしゃいますし。「支援を受けないでいい子は受けないほうが自由に暮らせるよ」って呼びかけていこう、っていうことなんです。たとえば前章で登場したみるさんの場合のように、本人を幸せにしない支援はなくなってほしいんです。リソースは血税ですし。

それから本当は普通級に行ける子が軒並み支援級に送られて学力が後回しにされるのももったいないし、本当は普通の学校に行ける子が縮小再生産の思想で特別支援学校に送られるのも損失だと思っています。本人の損失だし、社会の損失だし、国家の損失です。

まあこの辺は本に書いたんでこのくらいにしておきますが（『発達障害、治るが勝ち！』『発達障害者支援法は誰を救ったか？』〈電子版〉）そういう意味で「本当に支援の拡充だけがそれほど大事ですか？」と読者に注意を喚起するときに「（支援者だけが得をする）ギョーカイは潰した方がいい」という言葉を使います。でも、それは別にどこかの福祉法人を襲撃するとかそういうことじゃないんですよね。どうも私のイメージの仕方としては、最終形態を思い描くと脳みそにわかりやすいようですね。だから今もとっさに「栗本さんをぶっ飛ばす」というイメージを使ったのかもしれません。

でも今は遊びだからこれでいいけど、ぶっ飛ばして終わりでは介助法にならないですよね。お相撲なら土俵から押し出せばそこで勝負がつきますけど。

やりたいことのできる身体になるためのイメージの仕方はそれぞれで開発する。

廣木　護道は引き分けの武道だとよく言われますが、実際に勝ち負けではなく、最終的にお互いが傷つかず、パニックを回避して落ち着いてもらうのが目的です。

浅見　そのために後ろに回り込んで安心してもらうのですよね。

でも、この後どうやって後ろに回り込むか見当もつかないです。

体軸を整える方法と伸筋を使うことの強さを教えていただきましたので、護道介助法を一から習うときがきたようですね。

廣木　わかりました。まずは構えから稽古しましょう。

護道構え

廣木　では引き分けを目指す護道の構えから始めましょう。
基本の構えはこれです。護道構えと呼びます。

この構えのヒントになったのは実は、工事現場とかにある「立ち入り禁止」の標識です。

一同　（笑）

廣木　つまり、興奮して殴りかかってくる人に「ちょっと待って」というのを伝えるノンバーバル（非言語）コミュニケーションなんですよ。
　そのポーズをみてパニックをおこしている子の動きが止まれば、それがベストなわけです。

浅見　それで殴ろうとしていたのをやめる人いますか？

廣木　たくさんいます。

浅見　だったらそこで終わりですから、平和ですね。

廣木　そうです。これだけで済むことも多いんです。

浅見　だったらそれを練習しとけばいいですね。武道とかやったことなくても普段から練習しておけばいざそういう事態になったとき「きたきた」とか言って構えられる確率は高まりますもんね。っていうかこの構えを一日十回練習しても一分で済みますし。

廣木　身体がこれを覚えておくだけで被弾率が減ります。

栗本　構えを教えてください。

廣木　まず両腕を伸ばして、腕の幅は相手の両肩の位置合わせて、手の高さは相手の顔の横に合わせます。人差し指は真上になるようにして、親指と人差し指でLの字（右手は鏡像のLになる）を作るようにします。そして、中指、薬指、小指の三本も、それぞれ伸ばして掌を開きます。
　そうすると親指と人差し指でできた左右のLの形から内側に四角いフレームができ、相手からは、そのなかにこちらの顔があるように見えます。

《手の形で意識を誘導する》

前に手を出すことで
顔との比較対象になる。

人差し指を立てると
縦へ意識が向く。

小指までを開くことで
横側が埋まる。

親指が入ると顔が囲まれ
胴体と意識が分かれる。

手を肩幅に開くと頭の位置は変わっていないが顔が小さく感じて距離感をとりづらくなる。

※このイラストの顔の丸は
すべて同じ大きさである

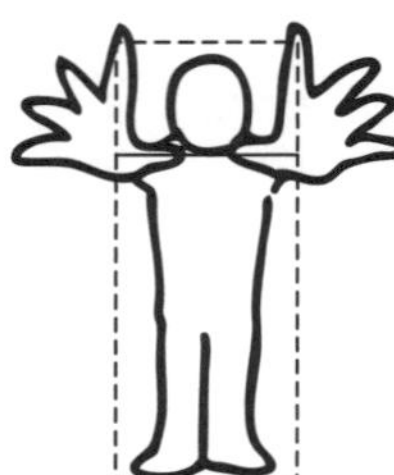

手のフレームにより、顔と胴体に意識が分断され、狭く感じる顔のエリアより、胴体のエリアに意識を誘導することで、攻撃を限定させて防御をしやすくしている。

デルブーフ錯視

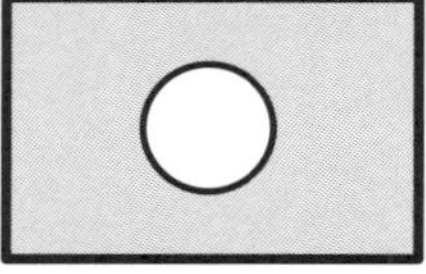

※上下の円は同じ大きさである

図形の片方は小さな四角で囲み、もう片方は大きな四角で囲むと、中の図形の大きさが異なって見えるデルブーフ錯視を護道構えの際にも活用しており、手の形によって距離感をとりづらくすることで殴りかかりにくくしている。

一同　（鏡に向かって練習）

廣木　試しに栗本先生、まず一般的な腕を曲げたファイティングポーズで構えていますから、私を殴ろうとしてみてください

（栗本、廣木にむかって拳を振り上げる。栗本の拳が廣木に届く）

廣木　殴れますよね。だけど、「ちょっと待って」のポーズ（護道構え）をやると。

栗本　打てないね。ホントだ。届かない。

廣木　ちょっと届きにくくなるんです。足は動かしていなくても。それは、相手がこちらの構えの手に顔が当たるかもしれないと無意識に感じて、構えの手に自分の顔が当たらないように引いたところから殴ろうとしてしまうからです。その顔を後ろに引いた分だけ、拳も相手に届かなくなったわけです。

しかも、この構えの手の形からできたフレームのために、胴体の中心を殴りたくなるように仕向けているんですよ。

栗本　だから、防御もできやすいんですね。

廣木　そうなんですよ。それはなぜかと言うと、

●正面を向いて腕を伸ばして構えている時点で相手の意識はこちらの真ん中に集まりや

すい。

●手前にある手の形が中指から小指までは横にパッと開いていることで心理的に横からは殴りにくくなる。

●手の形によって四角いフレームができることで、そのフレームの中の顔とそれ以外の胴体部分というふうに上下に意識を分断させている。

です。

からです。つまり、広くて打ちやすく見える真ん中の胴体へ相手の意識を誘導しているわけ

構える際には、最初に相手の顔に向かって手を寄せるように出してから、肩幅の位置へと開いていきます。そうすると手のフレームが、ちょうどデラブーフ錯視のような役割を果たし、相手としては顔の距離感がつかみにくい状態になります。でも本能としては顔に意識がいきますので、実際に近づいて殴ろうとすれば構えの手が邪魔で拳が届かない。

浅見 全然暴力を振るっていないけど、相手の行動を制御しているわけですね。

廣木 そうなんです。相手を型に嵌めてるんですよ。武術でいう型とは戦略のことですから。もちろん、護道では相手を倒す目的の戦略ではなく、自他護身のための先制防御ですけど。

栗本 こっちが条件設定しているわけですね。狙うならここ、と。そしてそこが狙いにくい。

廣木 自由にどうぞって言ったら、何されるかわからないから、やりたくないんですよ。当たるか当たらないか一発勝負みたいな博打は危険ですよね。

栗本　これは面白い！

廣木　護道構えを見て、あれ？　やりにくいな……と感じて攻撃を止めてくれたら、これでオッケーなんですよ。

栗本　戦意喪失しますね。さっきからすごい嫌。入っていけないから（笑）。

廣木　で、止まったときに触りに行く。

浅見　え？　触りにいくんですか？

廣木　触ると殴れませんから。そういう稽古を道場でします。

栗本　これ、鬼ごっこみたいにしても面白いですね。遊びでね。

廣木　学校や事業所、それに家庭でも遊びとしてできると思いますよ。あとでご紹介しましょう。

殴ろうとすると人間は、でんでん太鼓のように中心軸を回転させて左右交互に殴ってくるんです。

栗本先生、私を殴ろうと構えてもらっていいですか？

例えば栗本先生が右手で私を殴ろうとすると、この位置なら届きますよね。でもちょっと私が退がると、届きにくくなって、足の位置を動かさなければ崩れそうになりますよね。しかし、栗本先生がバンザイして手を下ろしたら私に手が届くんですよ。でもバンザイでは触れることができても殴れないでしょ。

栗本　そうか、殴るときは身体をねじるから身体は短くなる。

廣木 そうです。だから、私の方は触るつもりで、まぁまぁって近づくと、実は、こっちの方が先に手が届くんですよ。で、栗本先生が拳で殴っても届かない距離で殴ろうかな〜と思っている間に、先に手を抑えちゃうんですよ。

（栗本、廣木につかまる）

栗本 速えな（笑）。

廣木 実際に相手に自由に殴らせてからだと反射神経が必要になっちゃうんで、難しくなりますから。

浅見 栗本さん、護道構えをしてみてください。殴ります。

栗本 はい。

（栗本構える。浅見殴りかかる）

浅見 あれれ、殴れない。入っていけない。

廣木 そうなんです。わかるんですよ、殴っても届かないって。しかも、相手の拳はこちらに届かないけど、こちらは相手の殴ろうとした手に触れられる。先に相手の腕に触れてしまうと相手の動きを制限できます。また必然的に危ない距離や安全な間合いも決まってきますので。先に構えでそこを封じておけば無駄に動き回る必要もないわけです。

殴ろうとする方が届かない距離でも、触ろうとする方は届く。
その位置から触りにいく。
触るともう殴られない。

廣木　お城で例えるなら、構えが城壁で間合いが堀のようなものです。
城が立派だと、これはやっかいだなと感じて攻め落とす気持ちが削がれる可能性があるわけです。だから家康は大阪城の堀を埋めさせたわけですし（笑）。

浅見　面白いですね。これで止まるんだったら、なんか難しい方法論はまどろっこしくなってしまいますね。

護道構えで
攻撃するフレームを設定してしまう。
攻撃意欲を削ぐ。
相手の動きを制限する。

相手の攻撃をかわす

廣木 これが自他護身の間合いです。この距離だと手も足も届かないので被弾しません。

浅見 でも相手は興奮しているし、間合いを詰めてこられることもあるでしょう。

廣木 そのときにはズレます。横か斜めにズレます。

自他護身の間合いになったらズレないと蹴られ、一歩踏み込まれたら殴られます。ですから、相手の攻撃意識が高い場合は、構えながらズレて前に出て、先に手のどこかに触れた方が被弾率は下がります。

廣木　相手が自由にランダムに動いてきたら、そんなのできないじゃないかって言われるんですけど、どれだけ自由に動いたとしても、相手に殴って来る意思がある以上は、相手としてはこちらに手を届かせるために近づかないといけないので、最終的にたどり着く頭の位置や足の位置は決まってくるんです。

浅見　たしかにそうですね。近づかなきゃいけない理由はこちらにではなく殴りたい相手にある。

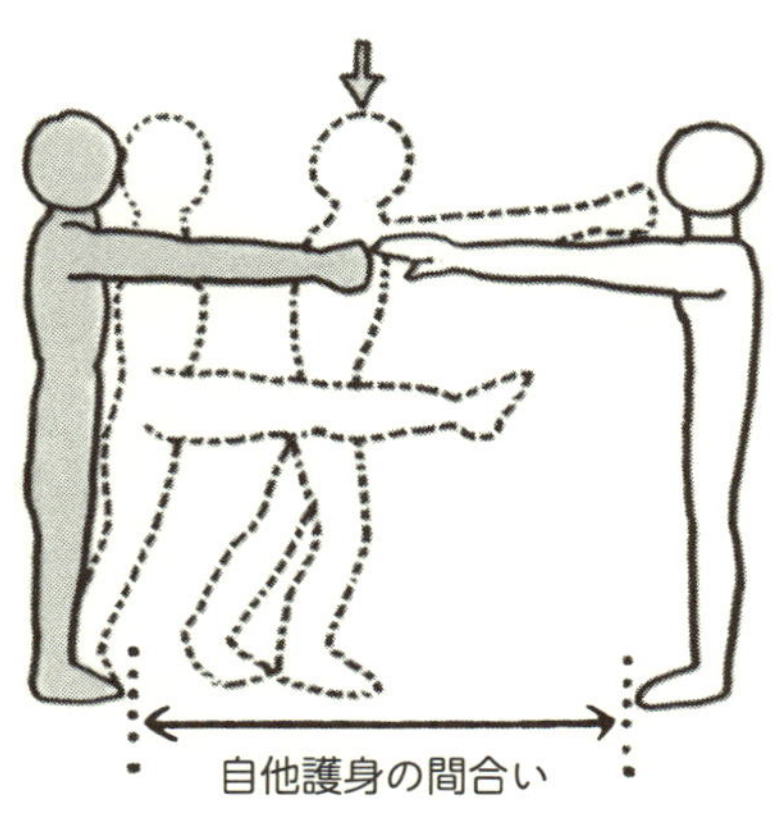

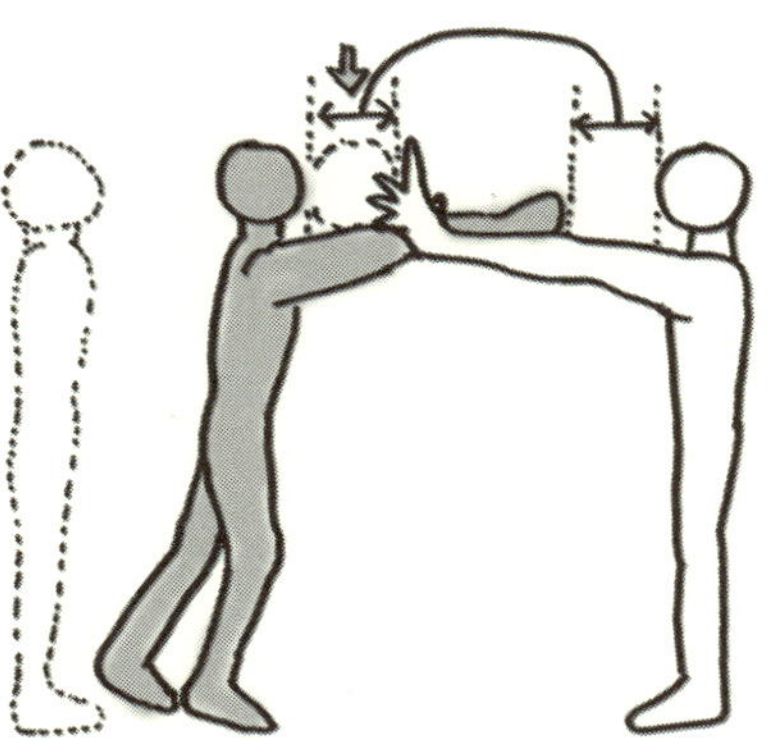

相手は手が届く距離となる頭の位置を先に護道構えで封じられているため、殴りにくい状態になる。

廣木　だったらその頭の位置に相手がたどり着く前に、先に構えでプレッシャーをかけて封じておいて、触りに行けばいい。そっと触るんです。

　また相手はこちらの頭や胴体を本能的に狙ってきますが、こちらは頭や胴体ではなく、手前にある攻撃武器である手に触れればいいわけですから、たいていこちらの方が先に手に触れることは可能です。

浅見　たしかに。相手が狙っているのは頭や胴体だけど、こちらは手を触りたいだけだから、こちらの目的の方が達成されるのは速い。

廣木　色々なパターンの攻撃が考えられます。

❶ まっすぐ殴ってきたら……

横から払って避ける?

❷ 上から殴ってきたら……

手を上げて受ける?

❸ 横から殴ってきたら……

ガードしてかわす?

《様々な動きに様々な対応は難しい》

❼ 蹴ってきたら……

払いながら避ける?

❹ 下から殴ってきたら……

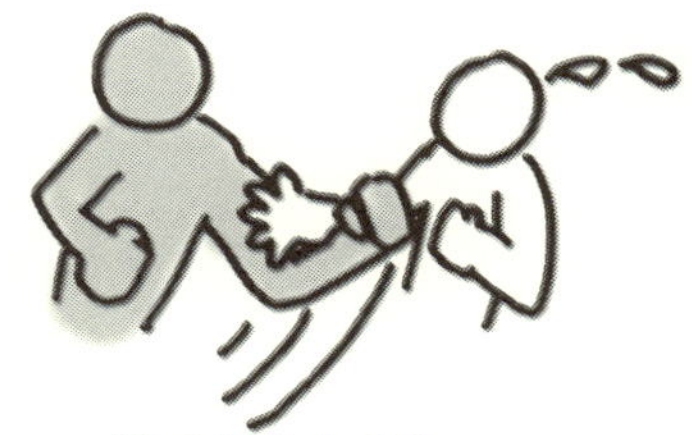

腕で押さえる?

❽ ランダムに殴って蹴ってきたら……

複雑な動作で
反応するのは難しいのでは?

❺ 反対の手で殴ってきたら……

反対の手で払う?

❻ 両手で殴ってきたら……

両手で払う?

廣木　こうした様々な攻撃一つ一つに対応する技を考案するより「手を触りにいく」と決めてしまった方が応用が利きます。手をとらえたら、そっと触れるのです。そして動きを止めるというイメージで相手とつながっていくのです。

《ズレて、触れて、正十字を崩す》

正十字
（中心軸
＋
肩腰の左右軸）

中心軸
肩の左右軸
腰の左右軸

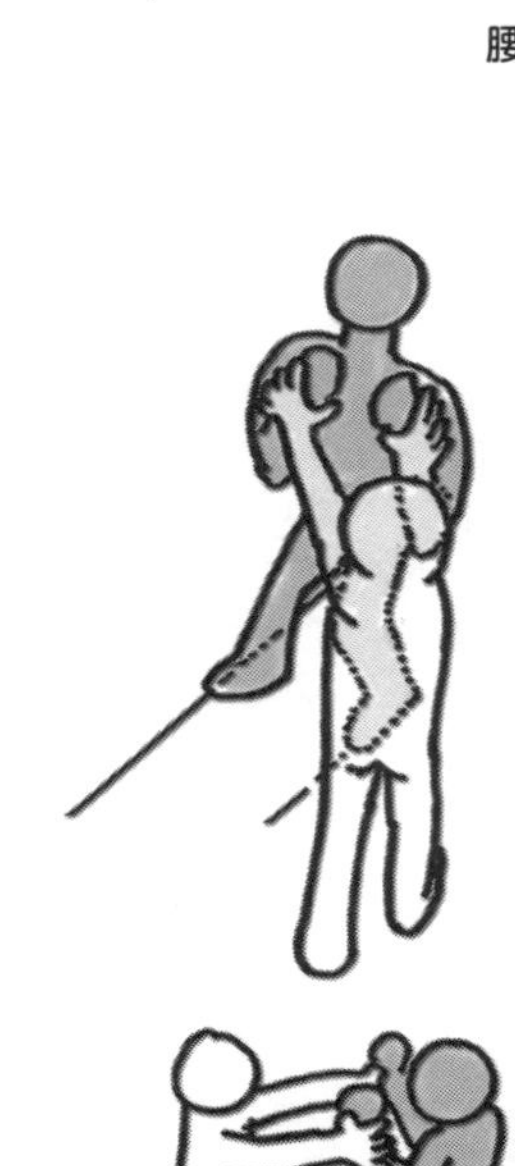

正十字を崩せば
相手の動きは制限される

正面からズレて護道構えで両手を抑えながら、ズレた側の手を下げて反対の手を奥へ押すことで正十字を崩すと、相手は手前の足に重心が乗るため、足を動かせなくなり、奥の足は動かせるが肩を押されているので蹴ることなどはできない。両手は抑えているので殴ることもつかむこともできない。この相手が正十字を崩されて居付いている間に背後に回り込んで抱きかかえて落ち着くように誘導する。

浅見　そっと触るんですか。

栗本　触り方は大事なんです。ぐっとつかんでしまうと、相手も力が入ってしまう。

廣木　そうです。そっと触る感覚で相手の動きについて行くことが大事です。

力任せにつかまえたりするのではなく、仮に手が離れたら離れたでいいや……という気持ちでいながらも、触れている部分の動きに合わせて空間を開けずについて行く感覚です。これも人によって最適なイメージは違うとは思いますが、相手と獅子舞を演じたり、ダンスを踊るような感じで。

浅見　素人はついつい、攻撃されていると力を入れて触ってしまいがちですが、そっと触れるんですね。

廣木　相手は敵ではないですからね。感情を上手く表現できない子どもや人、社会の仲間、愛する我が子でしょ。傷つけず、傷つかずが大事です。

> 間合いが崩れたら、ズレて横からそっと触る。
> そっと触りながらついていくのが大事。
> そっと触った方が攻撃されにくい。

稽古で支援する側の身体が変わっていく

栗本　ていねいに触れていくことも修行の一つです。僕は重度重複障害者施設で仕事をしたとき、自分が利用者に金魚体操をすると受け入れてくれたのに、支援者が金魚体操をしてあげようとすると利用者が逃げるのを見て、それから触れ方を研究するようになりました。

廣木　そうですね。構える、ズレる、触れる。一般のお母さんにもこのあたりはお教えします。そしてそれをやっていくうちに、支援者やお母さんたちの身体が変わっていくんですよ。

浅見　そりゃそうでしょう。これまで習った８の字歩き、壁立ち、スワイショウ、護道構えは一日に一通りやってもたいして時間がかかりませんが、それをやることで身体が変わっていくと思います。そしてそっと触れる練習は、栗本さんが言っていた微調整できる身体にもつながると思います。

廣木　先ほども言いましたが、まっすぐなものは襲われにくいです。そういう身体のためにも私はイメージを使います。

そして姿勢を整えます。イメージで中心軸がまっすぐになります。

軸が立つと大きくみえます。すると動物が大きくみせようとする仕草と同じで、相手は攻撃対象に選ばないことがあります。

またミラーニューロンも関係しているかも知れませんが、人は相手の姿や動きに同化（つられる）することがあります。

攻撃意識がある人は頭が下がり、肩が上がり、重心が前に出て前傾姿勢になりがちです。けれども正しい姿勢を見ると、つられて頭を上げることもあります。首の位置が戻り、肩が下がると少し冷静になり、攻撃意識が和らぐ可能性もあります。

また仙骨が立ちます。

人によっては、蹲踞を習慣にするのもいいと思います。

浅見　仙骨が立つからですね。

廣木　人も環境であるという意味でも、支援する側の姿勢は大事ですね。

ある法人に行ったとき、先生、そうは言うけど、うちの利用者にものすごい大変な人がいて、と法人の人から言われて、じゃあ会ってみましょうということになりました。女の子だったんですけど、私が部屋に入って隣に座っても、何も起こらないんですよ。何も起こらないまま終わって、向こうのスタッフが、おかしいな、おかしいな、いつもはそんなことないのにと。僕からしたら、今の落ち着いている彼女が本来の姿で、いつもがおかしいことになるんですけど。

浅見　じゃあ、みんなが周りの人が武道を覚えたら当事者はパニックを起こさないということですか？

栗本　武道というより接し方ですよね。

浅見　なるほど。身体と身体の位置の取り方、間合い、支援者の姿勢、そして触れ方への配慮でパニックはかなり防げる。そのために武道の素養が役に立つわけですね。それと、支援者の姿勢も本人にとっては環境なのですね。

> **位置の取り方、間合い、支援者の姿勢も本人にとっては環境。**

ズレる

廣木　学童保育に呼ばれたとき、、クラウチングスタートの姿勢から飛びかかって噛みついて来るお子さんに関するご相談を受けたんです。

栗本　すごいな、それ（笑）。

廣木　そのときにどうしたらいいか。みんなスタッフがその子のことをイメージしながら私の話を聞いているようだったので、もうその子対応をやりましょうと言いました。

相手の足と足を結んだ線を線路だと考えると、そこに立っている限り電車にひかれます。

だからそこからズレる。相手が攻撃対象をロックオンして動き出そうとした瞬間に、こちらがパッとズレたら、相手は動き出した行動を終えるまで次の行動が取れなくなります。脳が反応できないためです。ちょっとズレるだけで勘が狂うんですよ。

栗本　これで何回かやると諦めるでしょ。

廣木　それでも噛みつこうとしてくる人はいます。そうしたら後ろに回って仙骨を押さえて、大丈夫、大丈夫となだめる。思いっきり抑えたら、相手は逃げられるんですよ。ゆるくふわっと抑えると、この方が逃げにくいんです。

　抑えるときみんな力任せでやっちゃおうとするんですよね。

（廣木、栗本を床に抑えつける）

これだったら起きられないですか？

栗本　起きられますよね。抑えつけられているから、床を支点に使って起きられる。

廣木　だから、ふわっと触っている方がいいんです。大丈夫、大丈夫とやりながら、軽く抑える。逃げたら逃げたでいいやという感じで。

浅見　だって逮捕術じゃないんですから、逃げられてもかまわないですよね。

廣木　相手が逃げる方に意識が行ったら、もうこちらを攻撃する気がなくなっているので。

これを教えて、一ヶ月後にどうでしたか？　と聞きに行ったら、「技が使えないんです」と。噛みつくために飛びかかってこなくなったというのです。話を聞いて、そりゃそうだなと思いました。彼らは空気読むから。クラウチングスタートのポーズ取ったときにヘルパーさんがみんなズレる訳ですから（笑）。飛び掛かるまでもなく、何か仕込んできたなとそのお子さんも気づいたんです。だからズレただけで何もしなくなった。それだけで変わっちゃったんです。ヘルパーさんの方は練習した技をやろうと思っていたらしいんですけど。

浅見　ズレて、触って、ふわっと抑えて、後ろに回って、大丈夫大丈夫って仙骨に触れて……というところまでヘルパーさんたちは廣木先生から習ったのに、ズレるところで終わってしまったんですね。「覚えておくけど使わない」ってそういうことですね。

ズレるだけで相手がやらなくなることもある。
それ以上攻撃してきたら後ろに回ってそっと仙骨を触ってあげるといい。
抑えるときは力まかせにおさえずそっと抑える。
相手が逃げてもいい。

ベクトルを変える

廣木　そしてパニックや他害のなかには、ラポールはきちんとできているのに、ご本人のなかにやむにやまれぬ衝動があって起きているものもあります。

自閉症の息子さんを持つあるお母さんから、十年くらい息子さん腕を噛まれていて、振りほどいたりするのが大変だというご相談を受けました。

そこで噛まれない方法をお教えしたら、帰宅して玄関入った瞬間にやられたそうです。たまたま教わったばかりだからとっさに教えたことができたらしいんですよ。

そうしたら、向こうがハッとした表情をして、それ以降、その子がなぜ腕を噛もうとしているかっていう背景などは全くわからないままに、噛まなくなったらしいんですよ。

浅見 もうダメって思ったんでしょうか？

廣木 もしかしたら、本人ももう噛みたくないから誰か止めてくれと思っていたのかもしれません。お、これで俺は噛みつきから解放されるって思ったのかもしれないし。

栗本 視点が変わるし。

廣木 何か理由はわからないけど、とにかくそのときで終わったそうです。それからめちゃくちゃそのご家族に感謝されるんですけど、私としては、別にそんな大したことしたわけじゃないのに（笑）。

栗本 僕も噛む子を見たことがあります。やたら噛むのね。お母さんが止めても。そして僕はその子の動きをみた瞬間に、あ、腰が弱いなって思ったんです。そのくらいの年齢だと、階段一段くらいだと両足跳びができるんだけど、できない感じで。で、これはおそらく両足跳びができるようになったら噛まないなって思いました。

一同 へえ。

栗本 ずっと見ていたんです。とりあえず危ないからやっちゃいけないことは、止められるときは止めて。で、二、三ヶ月経つと子どもは成長してくるから、そうしたら両足跳びができるようになって思った通り噛まなくなりました。

浅見 なんで腰の成長と噛むのが関係あるんですか？

栗本 だって、噛むときって、腰を使うでしょ。腰が自然に使えないからなんとか動かしたくて余計なことをするんです。

浅見　ああ確かに。確かに今、私が栗本さんの腕を噛むとすると、腰は使いますね。

栗本　保育園でエネルギーが余っていてパチパチ叩いてくる子がいました。保育士さんは相手をしてあげていました。五歳くらいだからまだ痛くないし。

でも僕は相手の腰を使わせるような遊びをします。例えば押し相撲のような遊びを。ちょっと浅見さん、僕をぎゅうぎゅう押してくれます？　ほら、普通は腰を使うでしょ。でも腰が使えないと腕だけ使うんです。そういう子に片足を踏み出して腰を使うことを教えると、腰が強くなるじゃないですか。そして無駄に腕を使わなくなります。だから多分腰が使えないから腕を使ってるんだと思います。噛むのもそうでしょう。腰がきちんと使えないから噛む。

浅見　そうかー。

廣木　みんなそうですよ。不器用なんですよ。

栗本　みんな不器用だから手先でどうにかしようとする。腰が使えれば、余分なことをしなくなる。僕はそういう子もいると想定しながら指導をしています。

現場の人は噛むのを止めたらまた超人強度を上げるとか、そういうことがよくわかっていないこともあります。抑え込むので必死だから。だからまず腰が使えていないから噛むということを知っておくのも大事ですよね。

榎本　それ、すごく大事だと思います。

廣木　納得できます。そして私がやりたいのは、殴られる前に相手を抑える先制防御なんです。反射神経で対抗するのは無理ですから。お母さんたちに複雑な技とか教えても、すぐには無理ですから。とりあえず、先制防御のために構えをしようということを教えます。そして結局このお母さんにどういうことをお教えしたかということこういうことです。

説明しましょう。まず、腕を両手でつかまれたとき、ワザと腕を相手に噛ませてから、腕を押し込むことで口をより開かせて噛めないようにするって言う人もいるけど、実際には噛まれてから押し込むのは難しくリスクが高いです。

浅見　っていうか痛そう。

廣木　はい。それに噛まれてからでは難しいですよ。

逆につかまれた腕を引っ張って逃げると考える人もいますが、これも相手の力が強かったら、引き抜けず、また相手はついてきますから、噛まれます。

よくある護身術では手首を上にあげて抜くとか、こちらも両手を使って対抗して引き抜くという方法が紹介されていますが、それでも相手の力が強い場合は腕は上がらないので引き抜いて逃げることはできません。

では、どうすればいいかというと、つかまれている腕の肘を下げることです。肘を下げるということは、相手の力のベクトルと衝突しないので。

浅見　なるほど。

栗本　そうすると腰が崩れますね。

廣木　そう。腰も崩れますし正十字も崩れます、護道では中心軸と肩の左右軸をイメージしたときにできる十字の形を正十字って言っています。スワイショウのときに説明したカタカナのキの形のことですね、この正十字を崩されると、人間って顔が前に出ないんですよ。顔が前に出ないから噛めないんです。

るんです。

浅見　簡単。なるほどねー。

廣木　そして、お母さんが肘を下げれば、息子さんの肘が上がるんですよ。その肘をつかまれていないほうの手で押していくと背中が見えるので後ろに入って、仙骨を押して、座らせるんです。

腕を噛むのをやめたお子さんは、パッとかわされたことで、もうこれはお母さんには通用しないから使わなくていいんだと感じたのかもしれません。よく同じ映像を繰り返し再生しないと気が済まないという人がいますけど、そのような感じだったのかもしれません。よくない、やめたい、と考えていても、実際は繰り返してしまうようなある種の誤作動でやっている行動だったから、それをかわされたことで、その誤作動イメージから本人が解放されたのかもしれません。あとは力任せに抵抗せずに、ベクトルをズラされたことでフッと力が抜けたのかもしれないし、仙骨に触れたことで身体が弛むスイッチが入ったのかもしれません。

栗本　相手の力と対立するのではなく、その力と同じ方向に肘を動かすと抵抗するものがな

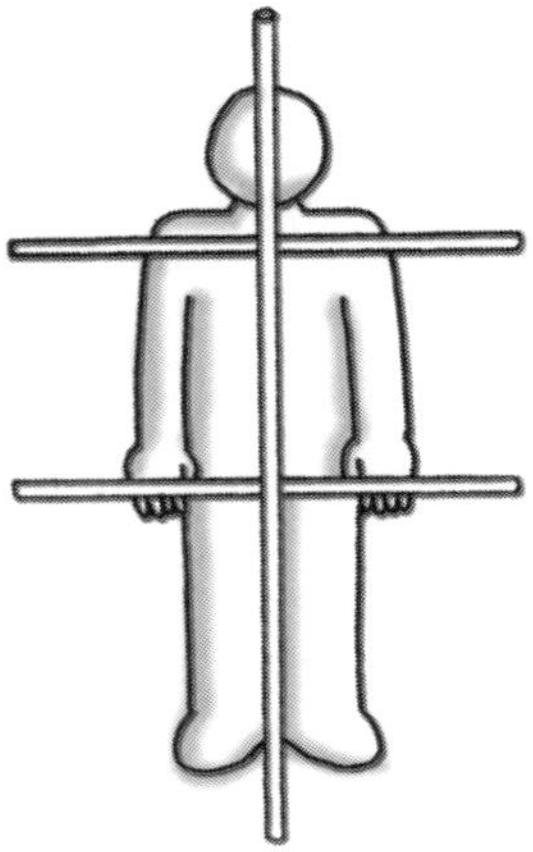

くなり姿勢が崩れます。そして今まであった余分な力が抜けてくる。武術をやると姿勢がよくなると言われていますが、それは余分な力が抜けてくるから。たぶんそうやって技をかける・かけられることを通して心身も変わっていくのかもしれませんね。

浅見 じゃあ、身体を整えているということですか？

栗本 そういうことです。

廣木 おそらく、そうですよね。栗本先生の本を読んで、もしかしたら、これまで無意識にやっていたことはこれだったかもしれないと思いました。栗本先生は理論的にそれをわかっているんだなって思いながら読んでいました。

栗本 触れ合う遊びには身体を弛めるヒントがあるんです。

浅見 人を噛むとか、そういう問題行動をしている背景にはその人の育ちきっていない身体の問題があるかもしれない。

ベクトルをずらしてあげることで、被害を防ぐだけではなく、苦しかったところをリリースしてあげられることになるんですね。

衝動的な力をかけてきたときに、ベクトルをずらしてあげる。
それは被害を防ぐとともに、相手の育ちのヌケを埋めるかもしれない。

一体化

廣木　でもうまくベクトルをずらせないときもあります。そんなとき、例えば体重が五十キロのお母さんがずっと八十キロの息子さんと対峙していると疲れちゃうんですよね。結局、筋肉の量に差があるから。耐えきれなくなってくるんです。

そこでまずはイメージを使って伸筋群を活用して腕力差を補うわけですが、実は同じように伸筋群を無意識に使ってくる超人もいるので、そのときは筋量が多いほうに負けてしまう。

そうなるとできることは一つしかないんですよ。相手の力を減らすしかない。その方法として、これは私が閃いて発見した方法なので原理については間違ってるかもしれないんですけどお伝えしておきますね。

ここで「下がらない腕」というテストをやりましょう。まず伸ばした腕の肘辺りを、相手も腕を伸ばした状態で触れて押し下げてもらったとしますね。

そのとき、腕を押し下げてくる相手をオモチャの人形だと思って、その人形の肩の部分に腕を上下に動かす軸となるビスがあるとイメージしてみてください。

栗本　相手の肩ね。

廣木　そうです。では、榎本先生に栗本先生の腕を押し下げてみてもらいましょう。

まず比較のために、一回普通に腕を下げられるのを腕力で耐えてみてください。

（榎本、栗本の伸ばした腕を横から押し下げる。栗本、腕力で耐える）

廣木　はい。どれくらいしんどかったかを覚えておいて下さい。

今度は栗本先生が、榎本先生の肩のビスには十字のネジ穴がありそのネジ穴にでっかいプラスドライバーをぐっと差しこんでギュギュギュッと締めるというイメージをしてみます。

プラスドライバーで締めるというイメージは視覚が優位な人向け、ギュギュギュッと締める音のイメージは聴覚が優位な人向けです。体感覚の人は、相手の肩を見ながら、ちょっとだけ自分の腕を上げて肩で力が止まってると思ってみてください。これだけで相手は腕を下げることが難しくなります。

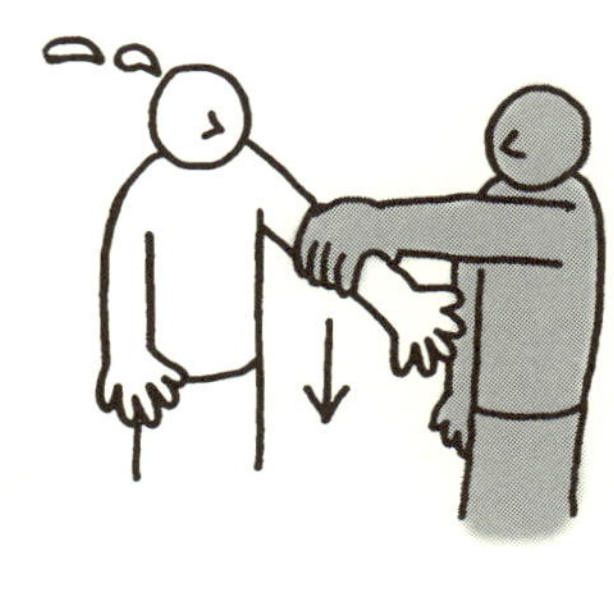

榎本　何か力が出ない（笑）。

廣木　私はこの原理では不覚筋動を活用していると考えています。

不覚筋動とは、例えば先に五円玉をつけた紐の端を指で挟んで持ち、腕を固定したまま、垂らした紐の先端についている五円玉に動けと念じると五円玉が動く原理のことです。五円玉よ動けとイメージした時点で自身は腕を動かしていないようでも無意識に微振動を起こしていますから、その振動が指先から紐に伝わり、五円玉が動くのです。このときの五円玉を相手の肩、紐を相手の腕、指先が相手に抑えられている部分と考えれば理解しやすいかもしれません。つまり、肩のネジをドライバーで締めて止めたとイメージしたことで相手が力を入れるより先に微振動を伝えているので、少し早く反応できる。相手が力を加えようとしたときには先に肩の動きを制御していることになり、相手としては触れているところに力が入りにくい現象が起きていると考えています。つまり、相手の力を先に封じているのです。

栗本　最近は就労支援施設の指導などで、両手で押す遊びをよくやるんです。押すときには普通、腕力を使うじゃないですか。大体、痛くなってくる。そしてずっとやっていると、相手の肩に力が入るから、こっちも疲れるんですね（編注：同調現象）。

浅見　栗本さん、私が押すから耐えてみてください。

（浅見、栗本を押す。栗本耐える）

廣木　こういう場合も相手の肩の辺に意識を向けるといいですよ。自分が直接触れている腕の部分ではなく、相手の肩に集中する。自分の腕と相手の腕はつながって一本の長い腕になったと考えて、相手の肩が自分の腕の延長で掌だという感じで。その掌のイメージである相手の肩の部分から奥の壁に触れにいくように押してみてください。

（浅見、栗本の肩のあたりに注意を向けて押す。栗本動く）

浅見　本当だ。

廣木　相手のなかへつながっていくイメージをすると動かしやすくなるんです。自分が相手を動かしてやろうとするのではなく、自分と相手が同化していく感じです。

浅見　自分の腕じゃなくて、相手の肩に意識を向けるんですね。そしてそこまで自分と一体化してしまう。

栗本　そうそう。

廣木　例えば、両者が手を取り合って押し合いになって拮抗したとき、耐えながら後ろ足で地面を蹴って前に押し出そうとして力がぶつかり合っていますよね。

その際に触れている腕の部分から水のようなエネルギーが流れて、それが相手の肘、肩、腰、膝、後ろ足の順に流れて、そのまま足の裏から地中に向かって勢いよくザーザーと強く流れ続けているとイメージするとラクに止めやすくなります。

デイサービスで建物の入り口から子どもが外に出ようとするのを正面から止める際に、子どもの突進をさばいて避けたら、その子が道路に飛び出しちゃいますよね。どうしても受け止めないといけないときはどうしたらいいんですか？　ってきかれたときにこれをお教えし止めてもらったりしています。

わーって、子どもが走って行こうとしたときに、身体で受け止めながら、自分から相手の後ろ足に力が流れるイメージをすればラクに止められます。

このときの両者がつながっている状態を護道では一体化と言っています。

一体化は単なる拮抗状態ではなく、相手が緊張して力んで動きが固まっていても、こちらの身体は不覚筋動や伸筋群の活用でゆとりがある状態です。そして、そのリラックスによってできた皮膚や関節のアソビの部分を使って、相手との合成重心を動かして誘導します。ここでいう合成重心は物理学的な意味というより力みを伴わないためのイメージです。例えば両者が押し合っているときに、その状態を一つの塊と考え、その中心部分に合成重心があり、そこから動くイメージをすることで相手を誘導します。

栗本　あ、重心がつながってるんですね。

廣木　そうです。だから一体化です。相手と自身を分けて強引に動かそうとするのではなく、相手と自分が一つの物体や、頭が二つ、足が四本あるキマイラ的な一つの生物になったような気持ちで導く感じです。

つかんでいる手で相手の腕を力任せに引っぱると相手は不快感から抵抗してくる可能性がある

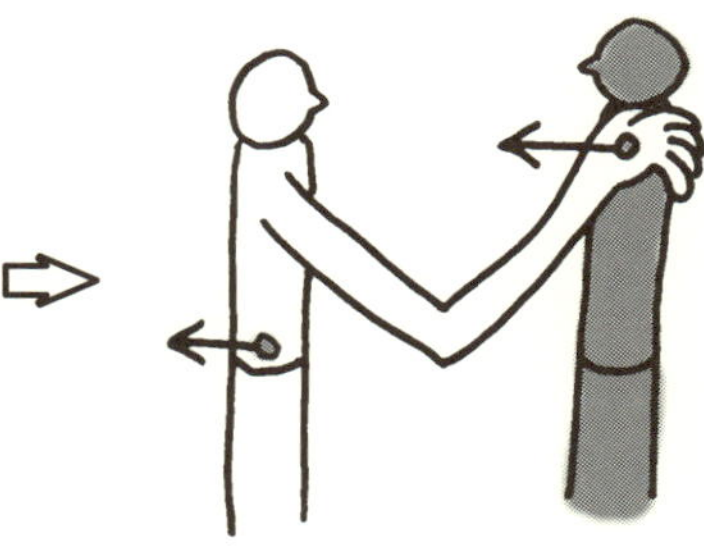

自分と相手の腕がつながり、一本の腕となり、肩が自分の手だとイメージして、その手（肩）から動くつもりで後ろに下がると抵抗感を生みにくい

側面に並んでいるときは、相手の仙骨に手を触れてサポートすれば、相手も歩行が楽になるため、落ち着き、支援者も誘導しやすくなる。

相手と合成重心を作ると想定すると、無理なく痛みなく相手を止められるし動かせる。

先に触る

浅見 それにしても実際の場面では先に触るっていうのが難しそうだなあ。どういうお稽古をしているのですか?

廣木 触れていく感覚、触れた後に動きについて行く技、そして背後についてハグしたり抱きかかえにつなげていく感覚を養うために「手解き」「手探り」「手合せ」という三つの段階に分けた感覚稽古をおこなっています。お互いに限定条件をつけて二人一組手行うドリルのようなものです。「手解き」から説明していきましょう。

★手解き

廣木　この一連の感覚稽古は感覚を身に着ける目的で技を検証する側となる護り手と、その検証をサポートする攻め手側に分かれて行います。

まず二人が向き合って、お互いに手の届く距離で、軽く肘を曲げて自分の右手首が相手の左手首に触れるように重ねます。

その状態から足を止めたまま、攻め手（検証のためのサポート役）は護り手（感覚をトレーニングする側）の首から腰までの間を手で自由に押したり、または護り手の手や腕をつかんで引っ張ったりします。

護り手は、その攻め手の攻撃を防ぐことを考え、押されたり引かれたりして足が動いた場合は仕切り直しとなります。

護り手は、試しに攻め手のランダムな攻撃を払ったり、避けたりしながら防いでみると、かえって防ぎきることが難しいことが理解できると思います。

この稽古法は中国拳法でいう推手という鍛錬方法に形は似ていますが、単に力の流れを感じ取る能力を向上させることよりも護道構えによる先制防御の意味を理解し、反射的に正しい構えがとれるようにすることが目的です。

《手解き》

❶

手の届く距離で肘を曲げてお互い右手を上に手を重ねる。この状態を「小手組み」という。攻め手は護り手の体幹を自由に押したりする。護り手はそれを防ぐ感覚を身に着ける。

❷

攻め手の動きを防ぎきれず、押されたり、引かれたりして足が動いたら、再び小手組みから仕切りなおす。攻め手のランダムな動きを捌こうとするのは難しいことを学ぶ。

❸

小手組みから、攻め手が動き出す前に肩に向かって「護道構え」を取ると腕のどこかに触れることができ、ワンアクションで攻撃を防ぎやすいことを学ぶ。

★手探り（てさぐ）

廣木　手解きの状態から、攻め手は手解きと同じように護り手の体幹部を自由に押しにいき、護り手は攻撃を封じますが、手探りでは両者ともに足を自由に動かしてもよく、護り手が攻め手の背面に回り込むと仕切り直しとなります。この稽古も攻め手のランダムな攻撃を払ったり、避けたりしながら防いでみると、かえって防ぎきることが難しいことが理解できると思います。護道構えをとる、ズレる、正十字を崩すなどを理解して反射的に正しい動きが行えるようにすることが目的です。

《手探り》

❶

手解きと同じように攻め手は護り手の体幹を自由に押す。手探りでは足を自由に動かしてよい。護り手はそれを防ぎつつ、相手の背面に回る。

❷

攻め手が自由に動き出すと防ぐのは難しい。そのため先に護道構えで封じながら、ズレて正十字を崩して回り込む感覚を養う。

護り手が攻め手の背面に回り込めたら、仕切りなおして、最初の「小手組み」の状態からはじめる。

★手合せ

廣木　攻め手が拳を握った状態で腕を伸ばし、護り手は手を開いて腕を伸ばし、両者の手が触れ合う自他護身の間合いを確認したのち、攻め手が自由に攻撃を行い、護り手がそれを封じる稽古です。ルールはほぼ手探りと同じで護り手が背後に回り込むか誘導して抱きかかえ状態になれば仕切り直しです。手合せは最初は手による攻撃の限定を行い、その後、手足による攻撃を自由にしていきます。この稽古でも、攻め手のランダムな攻撃を払ったり、避けたりしながら防いでみると、かえって防ぎきることが難しいことが理解できると思います。先制防御の意味を理解して反射的に間合いを埋める感覚を身につけることができるようにすることが目的です。

《手合せ》

❶

攻め手は拳を握った状態で腕を伸ばし、護り手は手を開いた状態で腕を伸ばし、「自他護身の間合い」をとる。

❶～❷

「自他護身の間合い」から攻め手は腕を曲げてファイティングポーズをとってから自由に動きながら、手探りと同じく護り手の体幹を押しにいく。それに対して、護り手は護道構えをとりながら、相手が腕を引くよりも先に動き出して攻め手の両手に触れに行くことで間合いを埋める先制防御の感覚を養う。逆に出遅れて攻め手が腕を引いて自由に動き出してから抑えに行くのは難しいことを学ぶ。この間合いに入ったら「構えて、ズレて、触れる」ことを身につける。この後、手探りと同じく護り手が背面に回るか、もしくは、そこから誘導して抱きかかえた状態になると仕切りなおし、最初の自他護身の間合いを取る。

抱える

浅見　私はこれまで廣木さんが教えてくれた体軸の通し方や構え、触れ方、なんかを少しずつ練習するだけで相当身体機能が整っていくと思います。それは栗本さんが提唱する運動とも言えないほどの軽体操で発達のヌケを埋めていく人の多さを見てきたからよけいそう思うのかもしれません。今まで習ったところで一番難しいかな、シミュレーションを多くこなすことが必要かな、と思うのは「後ろに回る」というところですが、先ほど挙げていただいた三つのお稽古をしたり、廣木さんが開いている道場で指導を受けたりしてくれる人が増えれば自傷・他害・パニックにまつわる被害も減るのではないかと思います。

そして最終的に抱きかかえる体勢になるわけですが、それを教えてください。

廣木　はい。こういう風になります。

これは、息子が落ち着かなかった頃から無意識にやっていたんです。これで落ち着いたので、その後、支援の場で働くようになってもパニックを起こした子どもを抱きかかえるようになりました。

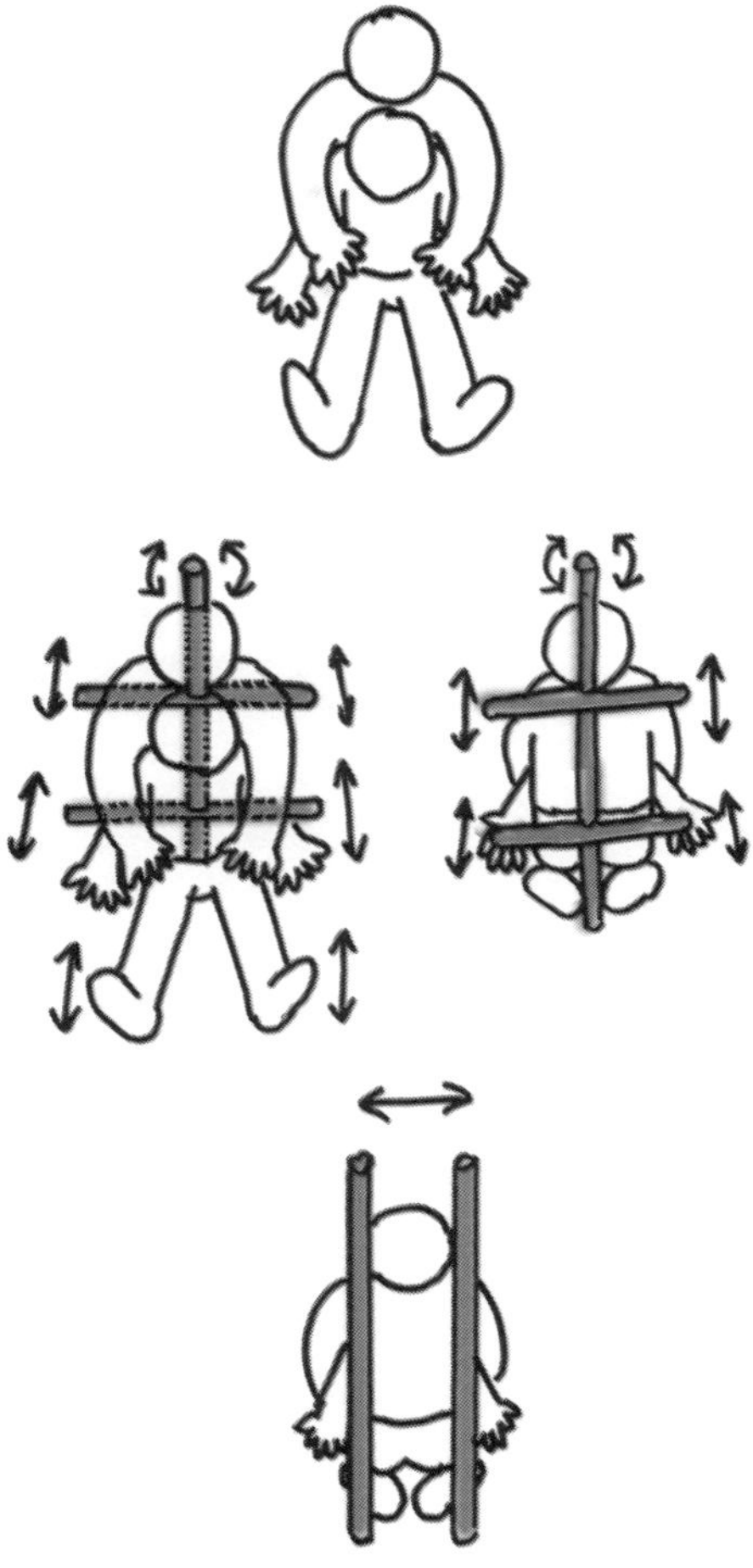

後ろから抱きかかえて、キの軸を揺らします。原理は金魚体操と同じですね。
そして支援者として行ったデイサービスでも、ある男の子がすごく暴れてて、物を持って人を殴ったりしていました。別のある子の声が苦手なようで、聞こえると暴れだすことが多く、その子や近くにいる誰かを物で殴ろうとしてしまうんです。それで棒を振り回していたその子の手を抑えて抱きかかえていました。いつもはパニックになると、どちらかと一緒に

ヘルパーが小部屋に入り二人を分けることで一時的に落ち着いていたのですが、そのときは小部屋を他の子が使っていて同じ部屋にいる状態でしたので、抱きかかえられながらも暴れ続けようとしていました。そのときに、たまたま女性のヘルパーさんが、機転を利かせて布をパッと被したんですよ。私が抱きかかえている状態のまま。そうしたら、その子の力がすっ〜と抜けて寝ちゃったんです。面白いのは、それ以降はその子は、グーってなってきたら、毛布を持って来て、私の手を持って抱きかかえをするように促して、毛布をかぶって寝るようになったんですよ。

浅見 へー! 自分で覚えたんだ。

廣木 私は最初は意図して何かを考えていたわけではなくて、ただ子どもたちが落ち着いてほしいから本能的に抱きかかえて、弛めることだけを考えてあれこれイメージをして揺らしていたんです。でも、後にテンプル・グランディンさんのハグマシーンと同じような状況が起きていたんじゃないかなということがわかりました。

浅見 そこで寝ちゃうなんて疲れていたんですね。

栗本 疲れているっていうより、安心感が出たんじゃないかな。

保育園で指導するとき、保育士さんに抱かれている子が泣いている場合、部屋の中をゆっくりと移動してもらいます。そうするとある所にくるとぴたっと泣き止んだりするんです。それで抱き心地は変わりました? ってきいたら変わりましたって言うんです。そしてしばらくすると寝ちゃうのね。そういう子は多いです。抱くのは基本的な赤ちゃんを育てるときの最初のノンバーバルのコミュニケーションですよね。それと共通していると思います。

廣木 もう、ノンバーバルしか方法がなかったんですよ。物で殴ってくる子もほぼ発語はなかったですし、うちの息子も会話として理解できる発語は小学校一年生まではなく、今でも二語文です。だから言葉よりもノンバーバルのコミュニケーションのほうが、けっこう活用できて。武術ってノンバーバルなんで、そこが役に立ったと思います。

栗本 自分の身体が整えば相手も整うと思います。それがお互いにできるのは医療ではない現場です。

廣木 また、背後からの抱きかかえの良さがあるとしたら、背中の感覚を養うことにもつながる気がします。

親が子どもをしっかりとハグしてあげれば身体が整うだけでなく、副交感神経が刺激されてセロトニンやドーパミンが分泌されて精神も安定するので、変に薬を増やしたりストレス解消グッズを使うとか難しいことをしなくてもよいですね。

ノンバーバルのコミュニケーションでお互い落ち着くことができる。
その最初のかたちが抱きかかえるということ。

護道介助法〈まとめ〉

①まず構える。

これは「ちょっと待って」というノンバーバルコミュニケーションである。
これで攻撃をやめる人も多い。

②護道構えは　両手を伸ばしているので、伸縮運動できない。
つまり、相手を殴ることはできない。
▽ケガさせず、の大原則を守る。

③相手の攻撃武器となる手に触れて手をつないでしまう。
▽殴ることも衣服をつかんで投げることもできなくなるが、同時に相手も両手がつかえないので殴ることも引っかくことも髪の毛をつかむこともつかんで投げることもできなくなる。
つまり、両者引き分け状態。
▽自他護身の間合い。

＊技術的な詳細はともかく、目的はお互いに傷つかずにパニック時だけを何とか回避すること。相手を負かすことではない。

④どうしてもパニックが収まらないときの対応。
▽抑えつけるのではなく、ハグ（抱きかかえ）することで相手の身体を緩めてリラックスを促して落ち着かせる。

＊相手が仮にハグした状態から逃げたとしても、無理にまたつかまえようとしない。逮捕術でもなければ勝負を付ける必要もないため。

護道介助法は、当事者との関係性を重視している。抑えつけて信頼関係が崩れたら意味がない。

護道は引き分けの武道である。

信頼関係を壊さない身体移動法

浅見　さて、護道介助法について一通り習いました。あとは皆さんにそれぞれの実践を積み重ねてもらえればいいと思います。

体軸を通すお稽古を自宅でやるだけでも違ってくるでしょうし、興味のある方は廣木さんのウェブサイト等でスケジュールを確認してお稽古をつけてもらいに出かけてもいいと思います。

■ 護道ウェブサイト　http://go-do.net/

そして今度は「ケガせず、ケガさせず」の身体の移動法についておききしたいと思います。

★動かす

栗本　先ほども言いましたが、子どもの支援現場でよく、職員が子どもを他の場所に移動させるときに無理に引っ張ったり、つかんだりするのを見ます。あれが他害を助長させる原因にもなると思います。

通常の握り方ですと職員の親指に力が入り、それが子どもの身体に緊張状態を作り出します。

そうならないためには、小指から腕をとりに行くと痛みも与えませんし、スムーズに誘導できます。

浅見　たしかに私たちが何かモノを握ろうと思うと親指に力が入りますね。でも子どもはモノではないので、親指に力を入れて握られると緊張を呼んでしまうのですね。

小指から絡ませるようにして握ると誘導しやすいのですね。

廣木　腕力での誘導は確かに力任せでやれば良いという誤学習につながりますね。

栗本　小指からうまく腕を触れられると相手がこちらの方についてきてくれます。ついてこなくても抵抗感はあまりなく誤学習にはつながらないと思います。

私が触れ方に興味を持ったのは、二十年ほど前、公立の重複障害の入所施設（強度行動障害の方もいたと思います）で金魚体操を指導したときでした。
初回の指導のとき、初対面なのに利用者は緊張もせず金魚をやらせてくれました。職員の方に代わってもらうと利用者は拒みました。
そのときはわからなかったのですが、帰り際利用者さんを部屋に連れて行くときに職員の人は腕力で無理に引っ張っていました。それをみて普段からの相手に対する接し方（態度）が手に出ると思い、触れることに興味を持ち始めました。

浅見　普段の支援者の触れ方が他害行為を生んでいるかもしれないということですね。

廣木　親指をかけてつかむのではなく、掌全体で触れる。そしてその接触点から引くのではなく、相手の肩から動くイメージで引くと不覚筋動を使いますので抵抗感を与えにくく、また握力で引っ張るのではないので痛みも伴いません。

浅見　それも一体化ですか？

廣木　はい、そうです。
さらに仙骨に反対の手を添えると重心をコントロールできるのでスムーズに誘導しやすくなります。つかむのではなく、触れる感覚や包む感覚が大事です。

浅見　やはり背中ですね。仙骨はどういう場所ですか？

栗本　骨盤の中心にある三角形の骨です。

廣木　あるときダウン症のお子さんが、道路で寝転んで、このまま信号が変わったら車が来てひかれる！　という場面があったんですよ。しかし、本人は寝転んで動かない。

そのときに、まず上体を起こして、後ろから相手の膝を抱えながらすばやくお尻の下にこちらの膝を入れて、脚で仙骨を前に押して、歩道を渡ったことがありました。

ただし、安全な歩道に移動した後もデイサービスまでこのやり方でずっと連れて行ったら虐待なんで、道路を渡った時点で、落ち着くまで様子をみて、本人に納得してもらってから一緒に歩いてデイまで向かいました。

栗本　いいやり方ですね。相手の動き、力を利用しているし、あと相手に優しい。相手を傷つけない。

廣木　どちらかと言うと、後で相手とラポールが形成されないようなことはしたくないんですよ。

浅見　なるほど。

廣木　緊急性がないときまで技を使って無理やり動かすのは避けたいです。例えば、格闘技だとレスリング的な持ち上げ方で相手を担いで運ぶとか、いっぱい方法はあるんだけど、それはしたくないんですよ。何かを訴えて苦しんでいる可能性もあるわけですから。それをなんでも力任せにやってしまうのはどうかと思うのです。自分の息子にそれできますか？　って考えたら私はやりたくない。

浅見　たしかに。私実は、父を亡くしたとき、身体を使って遊んでもらったことばっかり思い出しました。

廣木　大切なことですね。

浅見　身体が覚えている親子の通い合いがありました。そういう関係性が持てない親子っていうのもいるのかもしれないけど、親だったら絶対にしないような身体の使い方を知らず知らずに仕事のなかでしてしまう人はいるかもしれない。

栗本　そうそうそう。そして支援の人も学校の先生もラポールが形成されなかったら余計大変でしょ。

廣木　大変になると、結局、三人がかりで抑えに行くとか、馬乗りになってみるとか、ムキになって力任せに投げ飛ばしてみたりとかになっちゃうんですよね。

榎本　今の廣木先生のお話を聞いていて気づいたことがあります。そのダウン症のお子さんを起き上がらせて、道路から出て、しばらく待っていたんですよね。

廣木　はい。

榎本　多分、普通の人は、そのまま連れて行くと思うんですよ。ずーっと（笑）。それが廣木先生は危険な場所から離れたら無理矢理動かさない。その判断がすごいと思うんですよ。

浅見　そうですね。

榎本　動くんだったら、連れてけーって連れて行っちゃうと思うんですよ。

廣木　そこがね、一番怖いところなんです。技を伝えるときに。なんでも技を使ってやっちゃおうとする人が出てきたら本末転倒なので嫌だなって思います。

榎本　そうそう。やっちゃいそうですよね。

栗本　だから、最終的に使わないことを目指すんですね。

廣木　そうです。一応、法律的に危機介入の三要件って決まってるんですね。一時性、切迫性、非代替性。その三つがないときに無理矢理動かすのは虐待になるんですよ。

だから、このまま、道路で寝ていたら車にひかれてしまうと命に危険がある（切迫性）。周囲に人がいないから、自分ができる技を使うしかない（非代替性）。なので、危険な道路から移動して安全な歩道まで移動させる（一時性）。これは三要件を満たしていると思います。しかし、その子が別に道路じゃない室内など安全な場所ところで寝ているときときに、こちらの都合で無理やり起こしたり、移動させたりするのは、虐待なんですよ。

栗本　そうですね。

廣木　これを放っておいたら、この子、ひかれて死ぬ、そばについているヘルパーも死ぬってなったら、歩道までは連れて行く。でも歩道から連れて行くのは虐待。たとえ、それが力任せではない技であったとしても必要以上に乱用しないでほしい。

一応、法律に則ってやらなきゃいけないなとは思っているんです。それが榎本先生の考え方ですよね。

榎本　そうですね。できる人は連れて行っちゃうと思うんです。でも私も待っていると思うけど。

廣木　それに無理矢理動かすとね、そのときは上手く動かせたとしても、超人強度が増していく可能性もありますから。

榎本　そうそうそう、やられた！　ってなってしまいますね。

廣木　仰向けに寝転んでいたら起こされるから、今度はうつ伏せで抵抗しようとか。そうなったときにはどうするかという方法もありますけど、そこを追求するとイタチごっこになってしまい、お互いに対抗心や不信感が増幅していくだけで、益々、信頼関係が築けなくなっていきますね。

榎本　それは覚えておかなくてはいけない大事なことだと思います。

> 動かすときは、身体のどこかで押しながら、仙骨にやさしく触れる。
> 緊急性があり動かす必要がある場合も、後でラポールを形成しにくくなる動かし方はなるべく使いたくない。
> 腕等をつかむときには、親指に力を入れると双方に緊張を生む。

★支援者の呼吸と身体移動法

榎本　廣木先生、前に教えていただいた「息を吸う」っていうのを皆さんに教えてもらえますか？

息を吸うのは、誰でもすぐに真似できそうなことだし、支援者が力まないで不要な作為（編

注：わざとらしさ）をなくすのに効果的だと思いました。

廣木　よく武道の達人が呼吸が大切だと言っていますが、その達人が指摘する呼吸とは何かをずっと考えていました。そして達人は、多くの人が考えてることの逆のことをやっているんじゃないかと思ったんです。

　デイサービスで支援していた時に、身体の大きな利用者のお子さんが車道で立ち止まり、どうしても進まない。それまでは息を吐きながら仙骨を押していたんです。吐くと力出ると思っていたので、吐きながら押していた。

　ところが試しに吸いながら押してみたらスッと軽く進み出したのですよ。吸いながら押した方が正解だったんですね。

栗本　基本的に動作するときって、息を止めているか、吸っているかでしょ。

廣木　そうなんですよ。

栗本　武術は息を吐きながら、あるいは息を吐ききった瞬間に技をかけると言われています。基本的に息を吐くことを大事にしていますね。多くのボディワークも息を吐くことを重要視しています。

廣木　しかし、実は、達人は逆をやっているんですよね。

栗本　だって、息を吸うから充実するんです。これは達人とは関係ありませんが、発達凸凹の方の場合、息を深く吐けないことが多いですね。そのため動作をする際、充実した動き＝身体の中心を使う動きができないために無駄な力を使ってしまうことが多いかと思います。

廣木　無念無想という極意を表す言葉がありますが、それは想念を無くす、作為をなくすということです。呼吸を吐きながら動作を行うと作為が生まれます。で、息を止めると力みが生まれる。しかし、吸うと意識が吸う方に向かうので、動作のほうへの作為がなくなることに気付きました。

浅見さん、息を吐きながら栗本先生を押してみてください。今の感じを覚えておいて。次、止めて押してください。そして、吸いながら押してみてください。

（浅見、息を吐きながら栗本を押してみる。次に吸いながら押してみる）

浅見　本当だ、全然、違いますね。

廣木　息を吸い続けることはできないけども、瞬間的に吸うことはできるでしょう。なので動き出しの際に吸いながら押すと接触している手に作為によって生まれる緊張が起こりにくい。だから相手は動き出しを察知できず、反応が遅れるため、抵抗感が生じにくいのだと思います。あとは慣性の法則でそのまま押していけばラクにサポートできたりします。

浅見　これまで走るときとかも、一生懸命、吐こうとしていたけれども。

栗本　息を吐くことで身体は弛みますが、身体の中心を使ってきちんと動くときには息をお腹に吸いこんで、お腹を充実させてから使う場合もありますね。

廣木　それで、すっごい武道の達人のビデオを見たんですよ。口元ばかり（笑）。

一同　（笑）

廣木　そうしたら、やっぱり技を決める瞬間は口を開いてないんですよね。ですから、息を吸って動作を起こし、一瞬、止めて、その後は吐く。

浅見　子どもを動かすときとか、自分が主体になって何か動かしたいときは息を吸いながらの方がいいって言うことですね。

廣木　とにかく人間相手のときは自身の作為を出さないって言うのが大事です。

栗本　そう！　金魚体操のときもそうです。「何かを変えてやろう」という作為があると、身体は硬くなってしまいます。子どもたちは本能的にそれを知っています。作為の気配を感じると子どもは触らせてくれなくなることもあります。それを感覚過敏だ、と決めつけてしまいがちですが、それは感覚過敏ではないのかもしれない。作為が嫌だから触らせてくれないことが多いんですよ。

廣木　なんかしてやろうという作為が伝わることで不快感を与えてしまい、それが抵抗につながるのでしょうね。

しかし、作為を持たずに……といっても難しい方もおられるでしょうから、そのときは、動き出すときは息を吸いながら揺らしてみてください、とか具体的に提案してあげた方が上手くいくかもしれないですね。

相手に触るときには作為を出さない方が受け入れられやすい。
そのためには息を吸いながら触る方がいいかもしれない。

★止める

浅見　先ほども話題に出たように、家庭で、あるいは支援の場でお子さんが危険な場所に飛び出してしまう状況などよく見られると思います。

そのときは大人の方も頭に血が上ってしまうし、「危ない！」と思わず腕をつかんだりしてしまうと思いますが、そしてどういうやり方でもとりあえず命が最優先ですが、上手な止め方を教えてください。

廣木　例えば散歩で横についているときは、肘辺りを手で触れながら、触れている相手の腕と左右の肩軸にはL字金具が通っているとイメージしておきます。すると相手が前や横に向かって飛び出そうとしたときに掌に圧力がかかり、自然とL字金具を押し出すようになるため、相手の正十字が崩れるので、前に進む動きを一瞬、防ぐことができます。そのことで気がそれて、飛び出しをやめる子もいます。

《飛び出しの予防として》

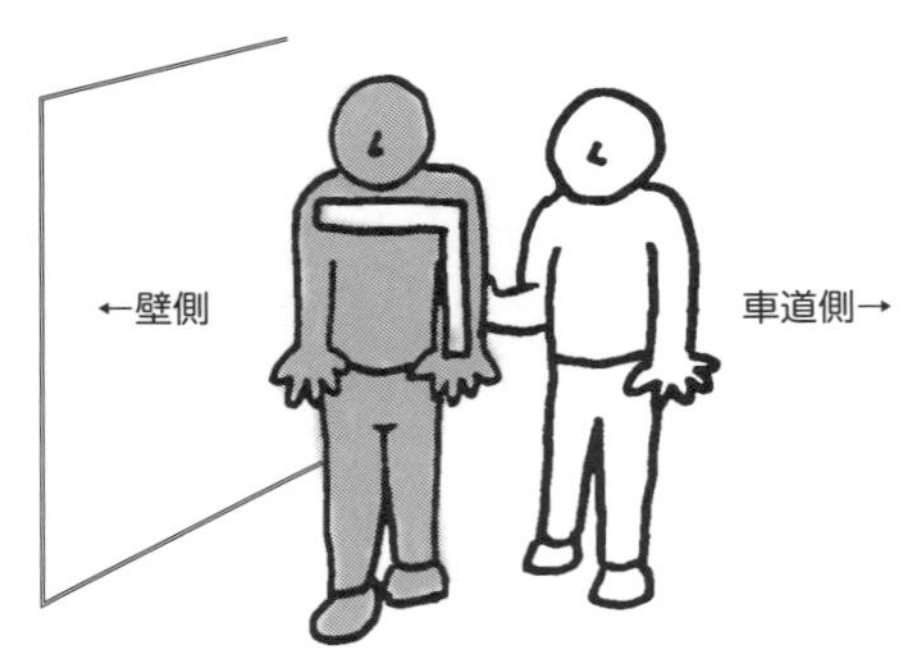

急に走り出す可能性がある対象者をガイドしているときは、反応できるように支援者は対象者のどこかに触れておくことが大切。とくに車道など飛び出したら危険な場所では、肘辺りに触れながら、逆さまのＬ字金具をイメージしておくと、相手の動き出しを感じることができる。そして動き出しを感じたら、すかさず前に手を押すと相手は身体がねじれ動きが制限されるため、飛び出しを防ぐことができる。

しかし、走り出す行為が治まらなくて止める必要があるときは後ろから抱きかかえて、仙骨に触れます。

浅見　止めるときにも仙骨なのですか。

廣木　はい。

仙骨の位置は、およそ重心、すなわち質量の中心に当たります。ですから、仙骨の位置に背後から触れることで、重心をコントロールしやすくなります。

仙骨を後ろから押すと重心が押し出されて前に進みますが、動きを止める場合にも、その原理を利用して仙骨の位置を前に押しながら、上半身を後に引いた状態にします。

浅見　上半身を後ろに引くとは、たとえばどうやってですか？

廣木　例えばこのような方法もあります。

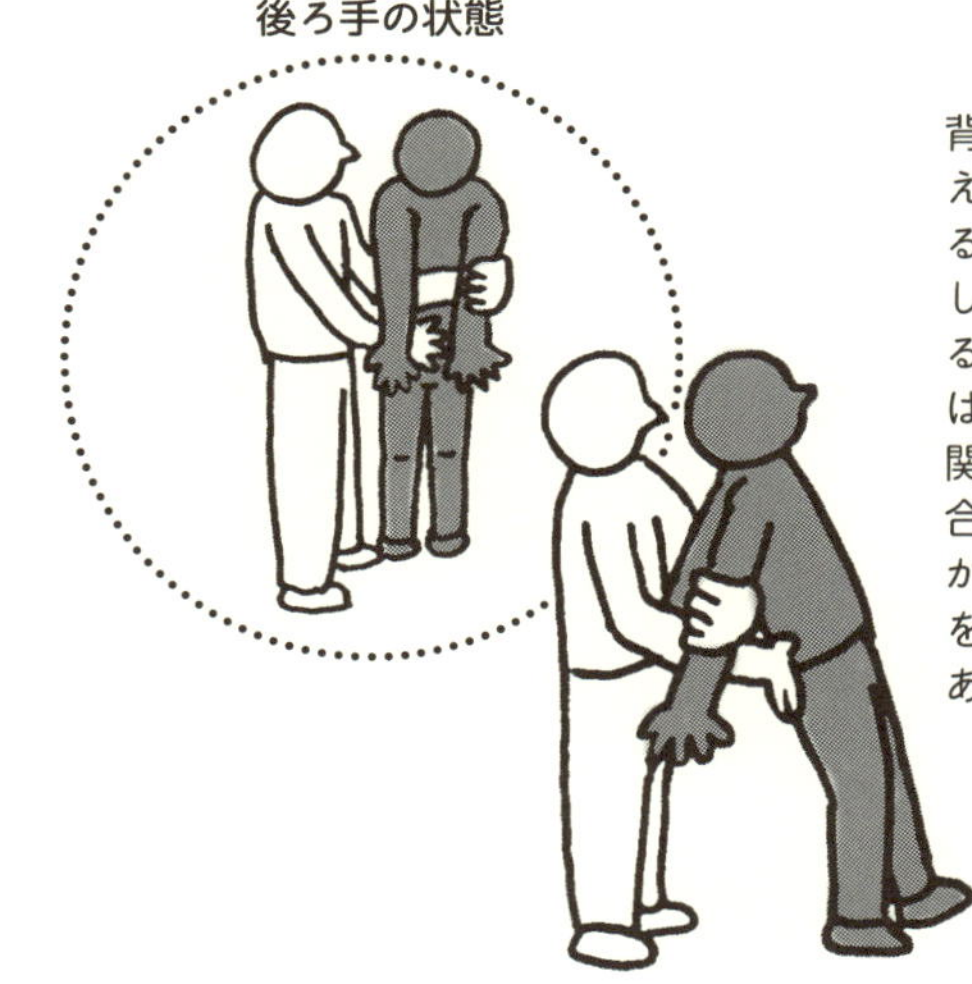

《諸手かかえ》

背面から相手の両腕を片手で抱えながら反対の手で仙骨に触れる。仙骨が下がらないように押しつつ、上体を後ろに倒している姿勢をキープしていれば相手は前に進むことができない。肩関節が柔らかい子どもや人の場合は両手と胴体を後ろから抱きかかえるようにして仙骨の辺りを太腿などの足で抑える方法もある。

浅見　こちらの片腕で相手の両腕をとり、そしてもう片方の手で仙骨に触れるのですね。

廣木　はい。これで相手の下半身が前に進もうとしても、重心が後ろにありますから前に進めません。その状態で後ろから支えていれば飛び出しを一時的には防止できますね。

ちなみに手が仙骨の部分に届かない状態でも、どこか接触している部分から相手の仙骨が前に押し出されているイメージをしながら、自身が後ろに下がって上半身を支えてあげても効果はあります。

栗本　廣木先生は抱きかかえのときも、動かすときも、そして止めるときも仙骨を大切にされています。仙骨に触れるとお子さんがトイレに行ったりすることはありますか？

廣木　気にかけていませんでしたが、トイレに行っている人がいた気がします。

栗本　もし機会があったらみてみてください。仙骨の中にある仙随には副交感神経があり排尿と排便のコントロールを司っています。また興奮している人は仙骨が盛り上がったりお尻が硬くなったりしていることがあります。

浅見　だったら本当に護道介助法の最終形態が「抱きかかえ」であるというのは身体の構造からみても理にかなっていますね。抑えつけるのではなく落ち着かせるのが最終目的だから。

栗本　そう思います。

廣木　とにかく、私は介護士であり武道家であり自閉症の子を持つ親でもあるので、誰も傷つけず、誰も傷つかない方法を模索してきました。

虐待等の悲しい事件が後を絶ちませんが、障害のある人々が社会のなかで暮らせるためにも、護道介助法、自他護身の実践を広めていきたいです。


護道介助法の最終目的は落ち着かせること。

親だったらしないような接触の仕方を支援者がしなくて済むようになるためにも、護道介助法を覚えてほしい。

それが障害のある人、ない人が真の意味で共存していく近道でもある。

あとがき

護る楯を手に入れよう

榎本澄雄

警察の使命は被害者を護り抜くことです。

「事件が解決しても、被害者の傷がなかったことにはならない」

罪を犯してしまった人は、このことを自分の肝に銘じなければなりません。

私は、権力闘争やエネルギー戦争、恨み辛みなど負の感情の視点から、犯罪とは何か、なぜ人は犯罪や自傷・他害・パニックを起こすのか、それをどのように防ぎ、解決したら良いのか考察してきました。

しかし、私がやっている具体的な手法は、私個人の属人的なものに過ぎません。

現場には身体の専門家が必要です。

身体や神経伝達機能を発達させて、自傷・他害・パニックを起こさない「身体を育てる」には、栗本先生のコンディショニングを学んでください。

大柄なお子さんが自傷・他害・パニックを起こしてしまったときに、小柄で年老いたお母さんにも使える自分もお子さんもケガしない「自他護身」の技法については、廣木先生の護道介助法を学んでください。

他害行為が犯罪にまで及んでしまうその前に、皆様の大切な家族、そして何よりも皆様自身を「護る楯」を手に入れてください。

この本は、ぜひご家庭に置いていただけたらと思います。

コンディショニングと護道介助法の組み合わせ。

皆様の大切なご家族と味わっていただけたら嬉しいです。

あとがき

生命が輝く支援を！

栗本啓司

私たちは物心ついたときから自分はこういう人間だ、という観念を持って生きています。この観念は良い悪いは別として、親御さんも含め周囲の人がその人をこういう人だと思って接することとその人自身が周囲の接し方を通して自分はこういう人間だと思い込むことで作られているようです。

これは発達障害の世界についても当てはまるのではないか、と思います。

例えば「ある問題行動は障害特性だからしょうがない」といった視点。こういう視点のみで接すると支援者はその人の問題行動やマイナス面ばかり気になります。当然、当事者も「問題行動は障害特性だからしょうがない」という観念を作ってしまい自分の能力を充分に発揮しないまま生活を送ってしまうのでないか、と思います。

私は発達のなかに存在する「遅れ」「未発達」「ヌケ」という視点から発達障害の方にコンディショニング指導をしています。こういう視点でとらえてみますと果たして問題行動が障害特性のみで起きているのか、疑問に思うことがしばしばあります。例えば「落ち着きがない」という現象。この現象自体、問題行動ととらえられてしまっていますが、実はこの現象の背後に排泄の自立が遅れている、お小水がしっかり出ていないといった身体の状態があるために引き起こされていることが多いと思われます。

それ以外にも、神経や内臓、筋肉、関節といった身体の発達段階の「遅れ」「未発達」「ヌケ」のために起きている現象が障害特性の問題行動ととらえられてしまっていますが、問題行動として見られていた現象が成長するとともになくなったり、軽減する方も私たちの周りには多く見られるのです。本当に発達障害の特性で起きていた現象だったのでしょうか?

私は指導している方たちが常に成長していくという前提に立ち、そこから発達の「遅れ」「未発達」「ヌケ」に対してコンディショニング指導をしています。その結果、その人の本来持っている力が発揮されるようになります。最終的には、その人自身の力で自分の生き方を充実したものにしていけるのでないか、そう思いながら日々の指導を行っております。

あとがき

親として子ども達の未来のために望むこと

廣木道心

「最も大切な環境は人」

今回の対談の機会を得たことで改めて息子の成長と介護士としての活動を振り返りながら、一つの答えがみえたような気がしています。

私がパニック時の誘導法を考えはじめたきっかけは育児の際に必要に迫られてやってきたことですが、ここまで深く取り組むようになったのは、パニック時の自傷や他害が多くの家庭や支援の現場で問題になっていることに危機感をおぼえたからでもありました。

福祉施設でパニックを起こした利用者を施設職員が複数で抑えつけたことで亡くなった事件、父親が子どものパニックに耐え切れなくなり、殺してしまった事件、障がいのある男性が警察官に不審者と間違えられ、力任せに取り押さえられて亡くなった事件、元ヘルパーによって施設に住む二十六人が殺傷され、うち十九人が殺害された戦後最大の大量殺人事件……。

こうした虐待、殺人、心中などの事件は、これまで全国で起こっています。

戦後最大の大量殺人事件を起こした犯人の「障害者は不幸を生むことしかできない」という言葉に同調するインターネットの書き込みにも複雑な気持ちになりました。

パニックを繰り返してしまう本人の苦しみ、その暴力に悩む親の苦しみ、悲しみ、教師や介護士の悩み、そこから派生する無くならない虐待、障がい者への偏見……。

これらはどうしたら防げるのでしょうか？

私は息子をずっと地域の学校に通わせてきました。

その理由は親亡き後も息子に関わってくれる可能性があるのは、地域に住む同世代の子ども達やその次に続く世代の子ども達であり、その子ども達に自閉症で知的障害のある息子が、この地域に生きていることを知ってもらわなければ始まらないと考えたからでした。

そして、その判断は息子の場合は功を奏しました。

もちろん、息子の成長にはパニック時に行っていた抱きかかえなど身体を使ったアプローチや偏食を改善するために食事に気を配っていたことによって身体が整い、精神が落ち着いたことも大きく関係しています。

ただ、人は一人では成長できません。子どもの力とはすごいもので、息子は周囲の子ども達のなかで揉まれながらできることが増え、様々な人との関係性のなかで過ごすことを学びました。

重度の自閉症児が成人するまで地域の公立学校に通い続けた前例がないと言われながらも、周囲の人々の力を借りながら息子はそれを実現することができました。

成人式では多くの同級生達から声をかけてもらい、友だちと共に一人でパーティにも参加していました。パーティの別れ際に小学校からの同級生で大工になった友だちが「俺が一人前になって、おーちゃん（息子の愛称）がイラストレーターで成功したら美術館を建てたるからな！　がんばれよ！　競争や！」といいながら、自転車に乗って家に帰ろうとする息子の背中を押してくれました。息子は振り返ることなく、とびっきりの笑顔で声を出して笑っていました。そのやりとりをみて周囲の子ども達も息子の存在によって何かを得ているように感じました。

今、息子はとても落ち着いており、穏やかに過ごしています。

そして、息子の友達は息子を自閉症で知的障害のある男性としてみておらず、絵を描くのが大好きなおーちゃんという一人の友人としてとらえてくれています。

子どもの成長と介護士の経験を振り返り、最も大切な環境は何か特別な場所のことではなく、人としての在り方なのだと確信しています。

皆様の心に何か感ずるものがあれば幸いです。

参考文献

●榎本澄雄

『全訂版 警察法解説』
警察制度研究会＝編／東京法令出版（二〇〇五）

●栗本啓司

『発達障害と少年犯罪』
田淵俊彦＋NHKドキュメント取材班＝著／新潮社（二〇一八）

『快視力』
田村知則＝著／草思社（二〇〇七）

『脳の中の身体地図――ボディ・マップのおかげで、たいていのことがうまくいくわけ』
サンドラ・ブレイクスリー＋マシュー・ブレイクスリー＝著／小松淳子＝訳／インターシフト（二〇〇九）

『ノーマルチャイルド』
R・S・イリングワース＝著／山口規容子＝訳／メディカル・サイエンス・インターナショナル（一九九四）

『限界を超える子供たち――脳・身体・障害への新たなアプローチ』
アナット・バニエル＝著／伊藤夏子＋瀬戸典子＝訳／太郎次郎社エディタス（二〇一八）

『馬語手帖』
河田桟＝著／カディブックス（二〇一二）

『サラブレッドに「心」はあるか』
楠瀬良＝著／中央公論新社（二〇一八）

『よく「見える」の落とし穴――そのメガネ、コンタクトレンズ、視力回復法でいいですか？』

田村知則＝著／講談社（二〇一六）

参考文献

『目に見えない世界を歩く――「全盲」のフィールドワーク』
広瀬浩二郎＝著／平凡社（二〇一七）

『人体生理の基礎』
真島英信＋石田絢子＝著／杏林書院（一九七九）

『基礎運動学』
斎藤隆＋中村隆一＝著／医歯薬出版（二〇〇三）

『美しく立つ――スポーツ医学が教える3つのA』
渡會公治＝著／文光堂（二〇〇七）

『アスリートの科学――身体に秘められた能力』
小田伸午＝著／角川学芸出版（二〇一三）

「スポーツ障害後の機能回復訓練――筋力評価の面から」
体育の科学［39:99-104,1989.］
黄川昭雄＝著／杏林書院（一九八九）

『お相撲さんの〝腰割り〟トレーニングに隠されたすごい秘密』
元一ノ矢＝著／実業之日本社（二〇一〇）

『〝テッポウ〟トレーニングでみるみる健康になる』
元一ノ矢＝著／実業之日本社（二〇一一）

『初めてのフェルデンクライス』
かさみ康子＝著／地球丸（二〇一三）

『NASA式最強の健康法――「座りすぎ」をやめると、脳と身体が変わる』
ジョーン・ヴァーニカス＝著／堀川志野舞＝訳／ポプラ社（二〇一六）

『男の瞑想学』
成瀬雅春＋前田日明＝著／BABジャパン出版局（二〇一一）

『武術「奥義」の科学――最強の身体技法』
吉福康郎＝著／講談社（二〇一〇）

『スポーツの達人になる方法』
小林一敏＝著／オーム社（一九九九）

●廣木道心

『五輪書』　宮本武蔵＝著／神子 侃＝訳／経営思潮研究会（一九六三）
『気の話』　藤平光一＝著／気の研究会出版部（一九八四）
『秘伝戸隠流忍法――戸隠流忍法・生きる知恵』　初見良昭＝著／土屋書店（一九八五）
『武の舞――琉球王家秘伝武術「本部御殿手」』　上原清吉＝著／BABジャパン出版局（一九九二）
『我、自閉症に生まれて』　テンプル・グランディン＋マーガレット・M・スカリアーノ＝著／カニングハム久子＝訳／学研（一九九四）
『姿勢のふしぎ――しなやかな体と心が健康をつくる』　成瀬悟策＝著／講談社（一九九八）
『自閉症の治し方！――自閉症・情緒障害そして広汎性発達障害の解明と訓練』　阿多義明＝著／スーケン（二〇〇〇）
『神技・塩田剛三――合気道養神館』　塩田剛三＝著／クエスト（二〇〇〇）
『武田惣角と大東流合気柔術〈改訂版〉』　どう出版編集部＝編／どう出版編集部（二〇〇二）
『アスペルガー症候群とパニックへの対処法』　ブレンダ・スミス・マイルズ＋ジャック・サウスウィック＝著／冨田真紀＝訳／東京書籍（二〇〇二）
『ブラジリアン柔術 セルフディフェンステクニック』　ホイス・グレイシー＋シャールズ・グレイシー＝著／中井祐樹＋黒川由美＝訳／新紀元社（二〇〇三）
『武道の心で日常を生きる――「身体脳」を鍛えて、肚を据える』　宇城憲治＝著／サンマーク出版（二〇〇五）
『医療職のための包括的暴力防止プログラム』　包括的暴力防止プログラム認定委員会＝編／医学書院（二〇〇五）
『実戦中国武術意拳入門――基礎から散打まで』　孫 立＝著／ベースボールマガジン社（二〇〇六）

参考文献

『自閉症の僕が跳びはねる理由――会話のできない中学生がつづる内なる心』
東田直樹＝著／エスコアール（二〇〇七）

『自閉症の本――じょうずなつきあい方がわかる』
佐々木正美＝著／主婦の友社（二〇〇九）

『クラスで気になる子の支援　ズバッと解決ファイル――達人と学ぶ！　特別支援教育・教育相談のコツ』
阿部利彦 他＝著／金子書房（二〇〇九）

『我が子は自閉症？と思ったら――抱っこ法による心のケア』
阿部秀雄 他＝著／エスコアール（二〇一〇）

『健康太極拳標準教程』
楊 進＋橋 逸郎＝著／ベースボールマガジン社（二〇一二）

『児童期・思春期のＳＳＴ［特別支援教育編］』
斎藤富由起＋守谷賢二＋山内早苗＋廣木道心 他＝著／三恵社（二〇一三）

『支援介助法――障害のある人への痛みを与えないパニック対応スキル』（全2巻）
廣木道心＋斎藤富由起＋守谷賢二＝監修／アローウィン（二〇一三）

『親子で楽しめる　発達障がいのある子の感覚あそび・運動あそび』
杉並区立子ども発達センター＋秦野悦子＝監修／ナツメ社（二〇一三）

『大東流合気武術　佐川幸義　神業の合気――力を超える奇跡の技法〝合気〟への道標』
月刊秘伝編集部＝編／ＢＡＢジャパン（二〇一五）

『発達障がいのある子どもへの支援介助法――子どもに痛みを与えないパニック対処スキル』
廣木道心＋斎藤富由起＋守谷賢二＝著／ナカニシヤ出版（二〇一五）

『行動障害のある人の「暮らし」を支える――強度行動障害支援者養成研修［基礎研修・実践研修］テキスト』
全国地域生活支援ネットワーク＝監修／牛谷正人＋肥後祥治＋福島龍三郎＝編／中央法規出版（二〇一五）

『気剣体一致の「創」』
黒田鉄山＝著／ＢＡＢジャパン（二〇一七）

●花風社の本

『発達障害は治りますか?』 神田橋條治 他=著（二〇一〇）

『自閉っ子の心身をラクにしよう!――睡眠・排泄・姿勢・情緒の安定を目指して今日からできること』 栗本啓司=著（二〇一四）

『芋づる式に治そう!――発達凸凹の人が今日からできること』 栗本啓司+浅見淳子=著（二〇一五）

『人間脳を育てる――動きの発達&原始反射の成長』 灰谷 孝=著（二〇一六）

『人間脳の根っこを育てる――進化の過程をたどる発達の近道』 栗本啓司=著（二〇一七）

『感覚過敏は治りますか?』 栗本啓司=著（二〇一八）

『元刑事が見た発達障害――真剣に共存を考える』 榎本澄雄=著（二〇一八）

『支援者なくとも、自閉っ子は育つ――親子でラクになる34のヒント』 こより=著（二〇一五）

『愛着障害は治りますか?――自分らしさの発達を促す』 愛甲修子=著（二〇一六）

『発達障害、治るが勝ち!――自分の生き方を自分で決めたい人たちへ』 浅見淳子=著（二〇一七）

『発達障害者支援法は誰を救ったか?』〈電子版〉 浅見淳子=著（二〇一八）

著者紹介

廣木道心（ひろき・どうしん）

武道家。介護士。国際護道連盟宗家。

自閉症の息子の育児と、介護士としての経験から、パニックを起こした本人も支援者もお互いに傷つかないための介助法を開発。インクルージョンな環境の実現を目指して活動している。著書に『発達障がいのある子どもへの支援介助法』（ナカニシヤ出版）等がある。

栗本啓司（くりもと・けいじ）

からだ指導室あんじん主宰。

障害児・者の体育指導に携わる。中学校・高等学校教諭一種免許（保健体育）取得。順天堂大学体育学部体育学科（現スポーツ科学部）卒業後、障害児の体操教室などに携わる。現在は発達障害児・者の身体を整えることによる発達援助を全国に広めている。著書に『自閉っ子の心身をラクにしよう！』、『感覚過敏は治りますか？』（花風社）等がある。

榎本澄雄（えのもと・すみを）

（株）kibi 代表取締役。元警視庁警部補。

警視庁麻布署在籍当時知能犯担当刑事として自閉症者を被疑者とする事件を担当し、退職後は特別支援教育の現場に身を置いた。著書に『元刑事が見た発達障害』（花風社）がある。

浅見淳子（あさみ・じゅんこ）

編集者。（株）花風社代表取締役。

異文化としての発達障害を尊重しつつ、医療・福祉以外の分野で生きる場が広がるよう、発達援助の伝道に力を入れている。著書に『発達障害、治るが勝ち！』（花風社）等がある。

自傷(じしょう)・他害(たがい)・パニックは防(ふせ)げますか?

二人称(ににんしょう)のアプローチで解決(かいけつ)しよう!

2018 年 10 月 23 日　第一刷発行
2022 年　3 月 24 日　第四刷発行

著者　廣木道心　栗本啓司　榎本澄雄

装画　廣木旺我　小暮満寿雄
本文イラスト　小暮満寿雄　廣木道心
デザイン　土屋 光
発行人　浅見淳子
発行所　株式会社花風社
〒 151-0053 東京都渋谷区代々木 2-18-5-4F
Tel：03-5352-0250　Fax：03-5352-0251
Email：mail@kafusha.com　URL：http://www.kafusha.com

印刷・製本　中央精版印刷株式会社

ISBN978-4-909100-07-8